小説
ミラーさん
―みんなの日本語初級シリーズ―

横山悠太
YOKOYAMA Yuta

スリーエーネットワーク

Published by 3A Corporation.
Trusty Kojimachi Bldg., 2F, 4, Kojimachi 3-Chome, Chiyoda-ku, Tokyo 102-0083, Japan

ISBN978-4-88319-755-2 C0081

First published 2017
Printed in Japan

まえがき

これは日本語《にほんご》の教科書《きょうかしょ》『みんなの日本語《にほんご》』（スリーエーネットワーク）の登場人物《とうじょうじんぶつ》の一人《ひとり》、マイク・ミラーさんが主人公《しゅじんこう》の小説《しょうせつ》です。小説《しょうせつ》に出《で》てくる**単語**《たんご》や**文法**《ぶんぽう》は、ほとんど『みんなの日本語《にほんご》　初級《しょきゅう》Ⅰ・Ⅱ』で習《なら》うものです。また、『みんなの日本語《にほんご》』の**会話**《かいわ》や**例文**《れいぶん》、**練習**《れんしゅう》、**問題**《もんだい》なども内容《ないよう》に反映《はんえい》されています。

ぜひ、**復習**《ふくしゅう》しながら、小説《しょうせつ》を楽《たの》しんでください。

（**＊**が付《つ》いている語《ご》については、スリーエーネットワークのウェブサイトに翻訳《ほんやく》を載《の》せています。）

登場人物《とうじょうじんぶつ》

佐藤《さとう》　けい子《こ》

日本《にほん》

IMCの社員《しゃいん》

マイク・ミラー

アメリカ

IMCの社員《しゃいん》

グプタ

インド

IMCの社員《しゃいん》

松本《まつもと》　正《ただし》

日本《にほん》

IMCの部長《ぶちょう》

山田《やまだ》　太郎《たろう》

日本《にほん》、小学生《しょうがくせい》、8歳《さい》

山田一郎《やまだいちろう》と友子《ともこ》の息子《むすこ》

山田《やまだ》　友子《ともこ》

日本《にほん》

銀行員《ぎんこういん》

山田《やまだ》　一郎《いちろう》

日本《にほん》

IMCの社員《しゃいん》

登場人物

木村《きむら》　いずみ

日本《にほん》

アナウンサー

テレーザ・サントス

ブラジル、小学生《しょうがくせい》、9歳《さい》

ジョゼ・サントスと

マリアの娘《むすめ》

マリア・サントス

ブラジル

主婦《しゅふ》

ジョゼ・サントス

ブラジル

ブラジルエアーの社員《しゃいん》

タワポン

タイ

日本語学校《にほんごがっこう》の学生《がくせい》

ワン　シュエ

中国《ちゅうごく》

神戸病院《こうべびょういん》の医者《いしゃ》

カリナ

インドネシア

富士大学《ふじだいがく》の学生《がくせい》

一　マイク・ミラーです

きょうから一年間《いちねんかん》、僕《ぼく》は大阪《おおさか》のＩＭＣで働《はたら》く。ＩＭＣの会社《かいしゃ》は、駅《えき》から歩《ある》いて十分《じゅっぷん》ぐらいの所《ところ》にある。新《あたら》しくて、この近《ちか》くでいちばん高《たか》いビルだ。

僕《ぼく》はエレベーターに乗《の》って、七階《ななかい》へ上《のぼ》った。眼鏡《めがね》をかけている男《おとこ》の人《ひと》が、入口《いりぐち》で僕《ぼく》を待《ま》っていた。

「あ、山田《やまだ》さん。お久《ひさ》しぶりです」

「ミラーさん、久《ひさ》しぶりですね。元気《げんき》ですか」

「はい」

山田《やまだ》さんは一度《いちど》、アメリカのＩＭＣへ出張《しゅっちょう》に来《き》たことがある。親《しん》切《せつ》で、とてもまじめな人《ひと》だ。

「いつ日本《にほん》へ来《き》ましたか」

「一週間《いっしゅうかん》まえです」

「そうですか。何《なに》か困《こま》ったことがあれば、何《なん》でも言《い》ってください」

「はい、ありがとうございます。これからお世話《せわ》になります」

「こちらこそ、よろしく」

山田《やまだ》さんはそう言《い》って、頭《あたま》を下《さ》げた。

「事務所《じむしょ》はあちらです」

山田《やまだ》さんに案内《あんない》されて、僕《ぼく》は事務所《じむしょ》に入《はい》った。

そこには、仕事中《しごとちゅう》の女《おんな》の人《ひと》が一人《ひとり》いた。その人《ひと》は仕事《しごと》の手《て》を止《と》めて、*

「おはようございます」

と元気《げんき》な声《こえ》で山田《やまだ》さんに言《い》った。明《あか》るくて、優《やさ》しそうな人《ひと》だ。

「おはようございます。佐藤《さとう》さん、こちらはマイク・ミラーさんです」

山田《やまだ》さんはそう言《い》って、僕《ぼく》の方《ほう》を見《み》た。佐藤《さとう》さんはいすから立《た》って、こちらへ歩《ある》いて来《き》た。

「初《はじ》めまして。マイク・ミラーです。アメリカから来《き》ました。どうぞよろしく」

と僕《ぼく》はあいさつした。僕《ぼく》はこのことばを、うちで何回《なんかい》も練習《れんしゅう》して

＊手《て》を止《と》める

来《き》た。上手《じょうず》に言《い》えたと思《おも》う。
「佐藤《さとう》けい子《こ》です。どうぞよろしく」
と佐藤《さとう》さんは言《い》った。
僕《ぼく》は手《て》を出《だ》した。でも、佐藤《さとう》さんは手《て》を出《だ》さないで、頭《あたま》を下《さ》げた。
……。
僕《ぼく》はちょっと考《かんが》えて、手《て》を戻《もど》してから、頭《あたま》を下《さ》げた。
僕《ぼく》は今《いま》、外国《がいこく》にいることを知《し》った。

＊

「これ、どうぞ」

次《つぎ》の日《ひ》、佐藤《さとう》さんから小《ちい》さな箱《はこ》をもらった。

「ありがとうございます。これは何《なん》ですか」

「会社《かいしゃ》からのプレゼントです」

佐藤《さとう》さんはそう言《い》いながら、笑《わら》っている。どうも普通《ふつう》のプレゼントではないようだ。

「ミラーさん、開《あ》けてみてください」

僕《ぼく》は紙《かみ》の箱《はこ》を開《あ》けた。たくさんの白《しろ》いカードが入《はい》っていた。何《なに》か字《じ》が書《か》いてある。

「あ、わたしの名前《なまえ》が！」

そのカードの真《ま》ん中《なか》には、「マイク・ミラー」とかたかなで書《か》いてあった。会社《かいしゃ》の名前《なまえ》や住所《じゅうしょ》や電話番号《でんわばんごう》も書《か》かれていて、裏《うら》は英語《えいご》だった。

「それはミラーさんの名刺《めいし》です。仕事《しごと》で初《はじ》めて会《あ》う人《ひと》には、必《かなら》ずその名刺《めいし》を渡《わた》してくださいね」

「わかりました」

午後《ごご》になって、山田《やまだ》さんが会社《かいしゃ》に戻《もど》って来《き》た。

「ミラーさん、佐藤《さとう》さんから名刺《めいし》をもらいましたか」

「はい」

山田《やまだ》さんは、壁《かべ》に掛《か》けてあるカレンダーを確認《かくにん》してから、

「来週《らいしゅう》の月曜日《げつようび》、松本部長《まつもとぶちょう》といっしょにパワー電気《でんき》へあいさつに行《い》きますから、名刺《めいし》を忘《わす》れないでくださいね」

と言《い》った。

「はい」

カレンダーの来週《らいしゅう》の月曜日《げつようび》の所《ところ》には、赤《あか》のボールペンで「㋩」と書《か》いてあった。

「これからたくさん名刺《めいし》をもらいますから、何《なに》か名刺《めいし》を入《い》れる物《もの》を買《か》っておいたほうがいいですよ」

「わかりました。日本《にほん》では、名刺《めいし》はとても大切《たいせつ》な物《もの》なんですね」

「ええ、名刺《めいし》は顔《かお》ですから」

と山田《やまだ》さんは言《い》った。

一　マイク・ミラーです

S M T W T F S
1 2
3 4 5 6 7 8 9
10 11 12 13 14 15 16
17 18 19 20 21 22 23
24 25 26 27 28 29 30

二　時間《じかん》を守《まも》る

会社《かいしゃ》は九時《くじ》から五時《ごじ》までだ。

会社《かいしゃ》へ行《い》くのに一時間《いちじかん》以上《いじょう》かかるから、八時《はちじ》よりまえに家《いえ》を出《で》なければ、九時《くじ》には間《ま》に合《あ》わない。

その日《ひ》、僕《ぼく》は十分《じゅっぷん》ぐらい遅《おく》れて会社《かいしゃ》に着《つ》いた。準備《じゅんび》をしていて、ちょっとだけ家《いえ》を出《で》るのが遅《おそ》くなったのだ。

「おはようございます」

と僕《ぼく》はみんなにあいさつして、自分《じぶん》の席《せき》に座《すわ》って仕事《しごと》を始《はじ》めた。

これぐらいは遅《おく》れてもかまわないと思《おも》っていた。

昼休《ひるやす》み、松本部長《まつもとぶちょう》が僕《ぼく》にこう言《い》った。

「ミラーさん、きょう遅《おく》れましたね。時間《じかん》は守《まも》ってくださいよ」

「遅《おく》れたのは、ちょっとだけですよ」

「ちょっとでもだめです」

日本《にほん》の会社《かいしゃ》が、こんなに時間《じかん》に厳《きび》しいとは思《おも》わなかった。それからは、できるだけ遅《おく》れないように気《き》をつけた。

でもある日《ひ》、夜遅《よるおそ》くまでテレビでＮＢＡの試合《しあい》を見《み》てしまって、また会社《かいしゃ》に遅《おく》れた。

僕《ぼく》は部長《ぶちょう》に気《き》がつかれないように、急《いそ》いで自分《じぶん》の席《せき》に座《すわ》った。

でも、うまくいかなかった。

部長《ぶちょう》は僕《ぼく》の席《せき》までゆっくり歩《ある》いて来《き》て、

「ミラーさん」

と言《い》ったので、僕《ぼく》はすぐ頭《あたま》を下《さ》げて、

「すみません」

と言《い》った。部長《ぶちょう》は怖《こわ》い顔《かお》をしていたけど、

「いい試合《しあい》でしたね」

と小《ちい》さい声《こえ》で言《い》って、自分《じぶん》の席《せき》に戻《もど》った。部長《ぶちょう》もＮＢＡの試合《しあい》を見《み》たようだ。

またある日《ひ》、事故《じこ》で電車《でんしゃ》が遅《おく》れて、九時《くじ》に間《ま》に合《あ》わなかった。部長《ぶちょう》は佐藤《さとう》さんと何《なに》か話《はな》しているところだった。部長《ぶちょう》は僕《ぼく》を見《み》て、また怖《こわ》い顔《かお》になった。僕《ぼく》は、

「事故《じこ》で電車《でんしゃ》が遅《おく》れたんです」

と言《い》った。悪《わる》いのは僕《ぼく》じゃない。悪《わる》いのは電車《でんしゃ》だ。だから今度《こんど》は何《なに》も言《い》われないと思《おも》った。でも部長《ぶちょう》は、こんなことを言《い》った。

「紙《かみ》をもらいましたか」

「紙《かみ》？　何《なん》の紙《かみ》ですか」

「駅員《えきいん》に紙《かみ》をもらいませんでしたか」

「いいえ」

「もし今度《こんど》、同《おな》じことがあったら、『遅延証明書《ちえんしょうめいしょ》』という紙《かみ》を駅《えき》でもらって来《き》てください」

「わたしはうそをついていませんよ。ほんとうに事故《じこ》で……」

「ミラーさん、これは会社《かいしゃ》の規則《きそく》なんです。みんなそうしているんです。わかってください」

僕《ぼく》はこの会社《かいしゃ》で働《はたら》くのが少《すこ》し心配《しんぱい》になった。

＊

五時《ごじ》になると、急《いそ》ぎの仕事《しごと》がなければ、僕《ぼく》はすぐ帰《かえ》る準備《じゅんび》を始《はじ》める。

でもこの会社《かいしゃ》では、五時《ごじ》になっても帰《かえ》る人《ひと》はほとんどいない。夜《よる》遅《おそ》くまで仕事《しごと》を続《つづ》ける人《ひと》もいる。

ほかの社員《しゃいん》は、すぐ帰《かえ》る僕《ぼく》を白《しろ》い目《め》で見《み》ている*ようだ。

ちょっと帰《かえ》りにくいけど、それでも僕《ぼく》は帰《かえ》る。仕事《しごと》より自分《じぶん》の時《じ》

＊白《しろ》い目《め》で見《み》る

間《かん》のほうが大切《たいせつ》だから。

僕《ぼく》はみんなに言《い》いたい。

残業《ざんぎょう》しないで、時間《じかん》を守《まも》ってください！

三　山田《やまだ》さんのうち

山田《やまだ》さんが、うちに招待《しょうたい》してくれた。

「いらっしゃい。どうぞお上《あ》がりください」

山田《やまだ》さんと、奥《おく》さんの友子《ともこ》さんと、それに息子《むすこ》の太郎《たろう》ちゃんが、玄《げん》関《かん》で僕《ぼく》を迎《むか》えてくれた。

「靴《くつ》はそこで脱《ぬ》いでくださいね」

「あ、はい」

僕《ぼく》は「失礼《しつれい》します」と言《い》って、靴《くつ》を脱《ぬ》いで、用意《ようい》してあったスリッパをはいた。

友子《ともこ》さんは、僕《ぼく》を広《ひろ》い部屋《へや》に案内《あんない》した。

「日本語《にほんご》、上手《じょうず》ですね。アメリカで習《なら》ったんですか」

と友子《ともこ》さんが聞《き》いた。

「はい」

僕《ぼく》はまだ、「失礼《しつれい》します」としか言《い》っていないのに……。

「ミラーさんは、ドイツ語《ご》も話《はな》せるんだ。パワー電気《でんき》に行《い》ったとき、エンジニアのシュミットさんとドイツ語《ご》で話《はな》していたんだよ」

と山田《やまだ》さんが言《い》った。

「へえ、すごいですね」

「いいえ」

太郎《たろう》ちゃんは「宿題《しゅくだい》があるから」と言《い》って、自分《じぶん》の部屋《へや》へ戻《もど》った。

「まじめなお子《こ》さんですね」

「いいえ全然《ぜんぜん》。この間《あいだ》も、宿題《しゅくだい》すると言《い》ったのに、ずっと部屋《へや》でゲームしていたんですから」

と友子《ともこ》さんが言《い》った。

「ゲームを買《か》ったのはまちがいでした」

と山田《やまだ》さんが言《い》った。

「ミラーさん。どうぞ、座《すわ》ってください」

と友子《ともこ》さんに言《い》われて、僕《ぼく》はソファーに座《すわ》った。

「コーヒーはいかがですか」

「ありがとうございます」

友子《ともこ》さんは立《た》って、コーヒーをいれに台所《だいどころ》へ行《い》った。

僕《ぼく》は部屋《へや》の中《なか》を見《み》ながら、アメリカ人《じん》の部屋《へや》とそんなに変《か》わらないと思《おも》った。

「この人形《にんぎょう》、かわいいですね。日本《にほん》のですか」

本棚《ほんだな》の上《うえ》に、土《つち》で作《つく》った子《こ》どもの人形《にんぎょう》が飾《かざ》ってある。

「ああ、それはワンさんという中国人《ちゅうごくじん》の友達《ともだち》にもらいました。あそこに飾《かざ》ってある絵《え》は、インドネシア人《じん》の友達《ともだち》がかいた絵《え》です。上手《じょうず》でしょう？」

「ええ」

それは、静《しず》かで美《うつく》しい海《うみ》の絵《え》だった。

「彼女《かのじょ》は日本《にほん》で、美術《びじゅつ》の勉強《べんきょう》をしているんです。隣《となり》の和室《わしつ》にも、もう一枚《いちまい》ありますよ」

「和室《わしつ》があるんですか」

「はい。よかったら、見《み》てみますか」

「あなた、あの部屋《へや》は片《かた》づけていないでしょう？　あなたのゴルフの道具《どうぐ》とか、あなたの釣《つ》りの道具《どうぐ》とか……」

友子《ともこ》さんがコーヒーカップをトレーに載《の》せて、部屋《へや》に戻《もど》って来《き》た。

山田《やまだ》さんは、しかられた子《こ》どもみたいだった。会社《かいしゃ》にいるときとは様子《ようす》が違《ちが》う。どうもご主人《しゅじん》より、奥《おく》さんのほうが強《つよ》いようだ。

「どうぞ」

「いただきます」

山田《やまだ》さんは、僕《ぼく》がコーヒーを飲《の》むのを見《み》ながら、僕《ぼく》が何《なに》か言《い》うのを待《ま》っていた。

「このコーヒー、おいしいですね」

と僕《ぼく》は言《い》った。山田《やまだ》さんはうれしそうに笑《わら》った。

「そうでしょう？　このコーヒーは、隣《となり》に住《す》んでいるブラジル人《じん》の友達《ともだち》からもらったんです」

「そうですか。このスプーンも、珍《めずら》しいデザインですね」

「これは、松本部長《まつもとぶちょう》からいただきました。メキシコのお土産《みやげ》です」

「そうですか」

「コーヒーもスプーンも、もらった物《もの》で……。ふふっ、恥《は》ずかしいですね。ところでミラーさん、日本《にほん》の生活《せいかつ》には、もう慣《な》れましたか」

と友子《ともこ》さんが言《い》った。

「ええ。困《こま》ったことがあっても、山田《やまだ》さんたちが手伝《てつだ》ってくれるので、とても感謝《かんしゃ》しています」

頭《あたま》を下《さ》げるのにも慣《な》れたし、時間《じかん》に遅《おく》れないようにもなった。

「そうですか。うちの主人《しゅじん》は、人《ひと》の世話《せわ》をするのが好《す》きなんですよ。でも、あまりユーモアがないので、この人《ひと》といっしょにいても、つまらないでしょう?」

「いいえ、そんなことはありませんよ」

山田《やまだ》さんは何《なに》も言《い》わないで、静《しず》かに笑《わら》っている。

それから友子《ともこ》さんは僕《ぼく》に、アメリカのいろいろなことを聞《き》いた。友《と》子《こ》さんはアメリカの映画《えいが》が好《す》きで、いちばん好《す》きな俳優《はいゆう》はマーロン・

ブランドだそうだ。僕《ぼく》も映画《えいが》は好《す》きで、『ゴッドファーザー』や『地《じ》獄《ごく》の黙示録《もくしろく》』なら見《み》たことがあるけど、友子《ともこ》さんはもっと古《ふる》い映画《えいが》もたくさん見《み》ていて、僕《ぼく》より詳《くわ》しかった。マーロン・ブランドの若《わか》いころの写真《しゃしん》を、ケータイで見《み》せてくれた。今見《いまみ》ても、とてもハンサムだ。

＊

「コーヒー、もう一杯《いっぱい》いかがですか」

と友子《ともこ》さんが僕《ぼく》に聞《き》いた。

「いいえ、けっこうです。……あ、もう六時《ろくじ》ですね。そろそろ帰《かえ》らないと……」

「そうですか」

映画《えいが》の話《はなし》だけで、二時間《にじかん》ぐらい話《はな》したかもしれない。でも話《はな》していたのは、ほとんど友子《ともこ》さんだった。

「きょうはどうもありがとうございました。とても楽《たの》しかったです」

「いいえ。またいらっしゃってください」

楽《たの》しかったけど、和室《わしつ》も見《み》せてほしかったなあ。畳《たたみ》とか、ふすまとか、障子《しょうじ》とか。

三　山田さんのうち

四　電車《でんしゃ》の広告《こうこく》

僕《ぼく》は毎日《まいにち》、電車《でんしゃ》で会社《かいしゃ》へ行《い》く。行《い》くときはラッシュの時間《じかん》だから、乗《の》るのも降《お》りるのも大変《たいへん》だ。座《すわ》れないし、人《ひと》がいっぱいで、ほとんど動《うご》けない。何《なに》もできないから、僕《ぼく》は電車《でんしゃ》の中《なか》にはってある広告《こうこく》を読《よ》んだりして、目的《もくてき》の駅《えき》に着《つ》くのを待《ま》つ。時々《ときどき》、立《た》って寝《ね》ている人《ひと》を見《み》るけど、僕《ぼく》にはまだできない。

電車《でんしゃ》の中《なか》には、いろいろな広告《こうこく》がはってある。

絵《え》や写真《しゃしん》だけを見《み》て、すぐ意味《いみ》がわかる広告《こうこく》もあるけど、外国人《がいこくじん》の僕《ぼく》には、なかなかわからない広告《こうこく》もある。

よく見《み》るのは、雑誌《ざっし》の広告《こうこく》だ。字《じ》がたくさん書《か》いてあって、その下《した》に政治家《せいじか》や有名人《ゆうめいじん》の顔《かお》だけの写真《しゃしん》がある。ちょっと怖《こわ》いと思《おも》うのは僕《ぼく》だけ？

「億《おく》」という漢字《かんじ》が書《か》いてあったら、それはたぶん宝《たから》くじの広告《こうこく》だ。

映画《えいが》や展覧会《てんらんかい》の広告《こうこく》は、興味《きょうみ》があることだからうれしい。この間《あいだ》、僕《ぼく》は広告《こうこく》で浮世絵《うきよえ》の展覧会《てんらんかい》のことを知《し》って、あべのハルカス*の中《なか》にある美術館《びじゅつかん》へ見《み》に行《い》った。

食《た》べ物《もの》や飲《の》み物《もの》の広告《こうこく》も多《おお》い。そして、その食《た》べ物《もの》や飲《の》み物《もの》は、おいしいだけじゃなくて、美容《びよう》や健康《けんこう》にもいいことが多《おお》い。

＊あべのハルカス

最近《さいきん》、急《きゅう》にビールの広告《こうこく》が増《ふ》えた。暖《あたた》かくなってきたから？　とてもおいしそうにビールを飲《の》んでいる写真《しゃしん》が、右《みぎ》を見《み》ても、左《ひだり》を見《み》ても、上《うえ》を見《み》てもある。まだ朝《あさ》でも、ちょっと飲《の》みたくなってしまう。

ある日《ひ》、こんな広告《こうこく》があった。

雨《あめ》が降《ふ》っているのに、だれも傘《かさ》をさしていない。でも、だれもぬれていない。人《ひと》の頭《あたま》の上《うえ》に、目《め》には見《み》えない傘《かさ》があるのだ。

そして、その広告《こうこく》には、

　わたしたちは

《　　》《みらい》をつくっています

ということばが書《か》いてある。《》の中《なか》には何《なに》も字《じ》が書《か》かれていないのに、その横《よこ》に小《ちい》さく「みらい」というふりがなが付《つ》いている。

これだけ。これは何《なん》だろう？　何《なん》の広告《こうこく》だろう？

広告《こうこく》の隅《すみ》を見《み》て、びっくりした。

それは僕《ぼく》の会社《かいしゃ》、ＩＭＣの広告《こうこく》だった。

五　花《はな》より……

「ミラーさん」

佐藤《さとう》さんが僕《ぼく》を呼《よ》んだ。僕《ぼく》は仕事《しごと》が終《お》わって、今《いま》から帰《かえ》るところだった。

「何《なん》ですか」

「あした友達《ともだち》とお花見《はなみ》をするんですが、ミラーさんもいっしょに行《い》きませんか」

「お花見《はなみ》って、桜《さくら》を見《み》ながら、ご飯《はん》を食《た》べたり、お酒《さけ》を飲《の》んだりすることですよね」

僕《ぼく》はテレビで見《み》たことがある。

「ええ、そうです。行《い》ったことがありますか」

「まだありません。ぜひ行《い》きたいです」

「よかった。友達《ともだち》と二人《ふたり》だけじゃ寂《さび》しいから」

「どこへ行《い》きますか」

「大阪城《おおさかじょう》です」

僕《ぼく》は日本《にほん》の城《しろ》にも興味《きょうみ》がある。でも、まだ行《い》ったことがない。

「それは楽《たの》しみですね。何時《なんじ》に行《い》きますか」

「十時《じゅうじ》に大阪駅《おおさかえき》で会《あ》いましょう」

「わかりました」

「じゃ、またあした」

*

大阪駅《おおさかえき》は人《ひと》が多《おお》い。

もう十時《じゅうじ》になったけど、佐藤《さとう》さんが見《み》つからない。

「ミラーさん」

後《うし》ろから、僕《ぼく》の肩《かた》を軽《かる》く触《さわ》る人《ひと》がいた。佐藤《さとう》さんだった。

佐藤《さとう》さんは、いつもと違《ちが》う服《ふく》を着《き》ていた。違《ちが》う人《ひと》に見《み》えた。それで僕《ぼく》は、なかなか佐藤《さとう》さんを見《み》つけることができなかったのだ。

「初《はじ》めまして、木村《きむら》です」

佐藤《さとう》さんの横《よこ》には、友達《ともだち》の木村《きむら》さんという女《おんな》の人《ひと》がいた。とてもきれいな人《ひと》だ。木村《きむら》さんの声《こえ》は、どこかで……。

「じゃ、公園《こうえん》へ向《む》かいましょう」

と佐藤《さとう》さんが言《い》った。僕《ぼく》と木村《きむら》さんは、佐藤《さとう》さんの後《うし》ろを歩《ある》いた。

僕《ぼく》は歩《ある》きながら、

「木村《きむら》さんは、どんな仕事《しごと》をしているんですか」

と木村《きむら》さんに聞《き》いた。

「アナウンサーです。朝《あさ》のラジオで……」

「あ、知《し》っていますよ。木村《きむら》いずみさんですよね」

「えっ、どうしてわたしの名前《なまえ》を？」

「わたしは毎朝《まいあさ》、『おはようニュース』を聞《き》くようにしているんです」

「そうですか」

木村《きむら》さんは、うれしそうで、恥《は》ずかしそうだった。「おはようニュース」は、毎朝《まいあさ》ラジオで放送《ほうそう》しているニュース番組《ばんぐみ》だ。

「木村《きむら》さんの趣味《しゅみ》は何《なん》ですか」

「音楽《おんがく》を聞《き》くことです。特《とく》にクラシックが好《す》きです。ミラーさんは？」

「わたしの趣味《しゅみ》は、旅行《りょこう》と写真《しゃしん》です。音楽《おんがく》も好《す》きですよ」

「ミラーさん、あれが見《み》えますか」

と佐藤《さとう》さんが言《い》った。

「あ、あれが大阪城《おおさかじょう》ですね。大《おお》きいなあ。ヨーロッパの城《しろ》と同《おな》じぐらいありそうですね」

公園《こうえん》にはたくさんの人《ひと》がいて、とてもにぎやかだった。

「乾杯《かんぱい》！」

僕《ぼく》たちは桜《さくら》の木《き》の下《した》に座《すわ》って、缶《かん》ビールで乾杯《かんぱい》した。

佐藤《さとう》さんも、木村《きむら》さんも、電車《でんしゃ》の広告《こうこく》みたいに、とても幸《しあわ》せそうにビールを飲《の》んだ。僕《ぼく》もとても気分《きぶん》がよかった。

佐藤《さとう》さんがお弁当《べんとう》を作《つく》って、持《も》って来《き》ていた。

「この卵焼《たまごや》き、おいしいですね」

「けい子《こ》が作《つく》ったものは、何《なん》でもおいしいんですよ。ミラーさんは、料理《りょうり》をするんですか」

と木村《きむら》さんが僕《ぼく》に聞《き》いた。

「はい、時々《ときどき》します。この間《あいだ》は、一人《ひとり》でタイ料理《りょうり》を作《つく》りました」

「一人《ひとり》で？」

「はい」

「タイ料理《りょうり》って、難《むずか》しそうですね」

「そんなに難《むずか》しくないですよ。材料《ざいりょう》を集《あつ》めるのは大変《たいへん》ですが……」

「じゃ、今度《こんど》食《た》べに行《い》ってもいいですか。材料《ざいりょう》はわたしたちが買《か》って行《い》きますから」

と佐藤《さとう》さんが言《い》った。

「ええ、いいですよ。ナンプラーは買《か》ってあるし」

「ねえ、わたしたち、さっきから『花《はな》より団子《だんご》』ね。全然花《ぜんぜんはな》を見《み》てないよ」

と木村《きむら》さんが言《い》った。

「ほんとう」

と佐藤《さとう》さんが笑《わら》いながら言《い》った。

「それ、どういう意味《いみ》ですか」

と僕《ぼく》は聞《き》いた。

「花《はな》を見《み》るより、おいしい物《もの》を食《た》べるほうが好《す》き、ってことです。わたしは『花《はな》よりお酒《さけ》』だけど……」

そう言《い》いながら、佐藤《さとう》さんは二本目《にほんめ》の缶《かん》ビールを開《あ》けた。

僕《ぼく》たちは、花《はな》の方《ほう》を見《み》た。

桜《さくら》は優《やさ》しい色《いろ》の花《はな》だ。

「きれいでしょう？」

と木村《きむら》さんが言《い》った。

「はい」

「夜《よる》もきれいなんですよ」

「そうですか」

この国《くに》では、桜《さくら》が咲《さ》くと、ニュースになる。僕《ぼく》も桜《さくら》はきれいだと思《おも》うけど、どうして日本人《にほんじん》はそんなに桜《さくら》が好《す》きなんだろう。

僕《ぼく》は花《はな》より城《しろ》だ。僕《ぼく》は桜《さくら》の向《む》こうに城《しろ》が見《み》えるように、写真《しゃしん》を撮《と》った。

「あの城《しろ》の中《なか》に入《はい》ることはできますか」

と僕《ぼく》は木村《きむら》さんに聞《き》いた。

「できますよ。じゃ、あとで行《い》く？」

木村《きむら》さんは、佐藤《さとう》さんの方《ほう》を見《み》て言《い》った。

「いいね。実《じつ》はわたし、一度《いちど》も中《なか》に入《はい》ったことがないの」

「けい子《こ》も？　実《じつ》はわたしも……」

「じゃ、僕《ぼく》のほうが城《しろ》に詳《くわ》しいかもしれませんね」

「えっ、ミラーさん、お城《しろ》に詳《くわ》しいんですか」

僕《ぼく》はかばんから城《しろ》の本《ほん》を出《だ》した。図書館《としょかん》で借《か》りて来《き》た、大《おお》きな本《ほん》だ。写真《しゃしん》や絵《え》がたくさんある。佐藤《さとう》さんと木村《きむら》さんは、僕《ぼく》の本《ほん》を見《み》て、目《め》を丸《まる》くした*。

佐藤《さとう》さんが、

「それ、重《おも》くなかったですか」

*目《め》を丸《まる》くする

と聞《き》くので、

「重《おも》かったです」

と僕《ぼく》が答《こた》えたら、木村《きむら》さんは声《こえ》を出《だ》さないで、僕《ぼく》を見《み》ながら、くすくす笑《わら》った。*

僕《ぼく》は花《はな》より……。

*くすくす笑《わら》う

五　花より……

六　グプタさんと日本《にほん》のカレー

大阪《おおさか》のＩＭＣには、もう一人《ひとり》外国人《がいこくじん》がいる。グプタさんだ。グプタさんは、インドから来《き》たプログラマーだ。グプタさんとは仕事中《しごとちゅう》あまり話《はなし》をしないけど、休憩室《きゅうけいしつ》で近《ちか》くの席《せき》に座《すわ》ったとき、たまに話《はなし》をする。そのとき、僕《ぼく》たちは英語《えいご》で話《はな》す。ＩＭＣの社員《しゃいん》のほとんどは日本人《にほんじん》だし、英語《えいご》があまりできない社員《しゃいん》もいるから、僕《ぼく》はなかなか英語《えいご》を話《はな》す機会《きかい》がない。だから、グプタさんと英語《えいご》で話《はなし》ができるのはうれしい。

グプタさんは、イギリスに住《す》んでいたことがあるそうだ。イギリスはインド人《じん》が多《おお》い。僕《ぼく》は出張《しゅっちょう》でロンドンへ行《い》ったとき、インド人《じん》が多《おお》くてびっくりした。

グプタさんは僕《ぼく》より長《なが》く日本《にほん》にいるのに、あまり日本語《にほんご》を話《はな》さない。今《いま》まで、一度《いちど》も日本語《にほんご》の学校《がっこう》へ通《かよ》ったことがないそうだ。

でも、聞《き》くのは僕《ぼく》より上手《じょうず》だ。社員《しゃいん》の中《なか》には、大阪《おおさか》のことばで話《はな》す人《ひと》もいて、僕《ぼく》には時々《ときどき》、何《なに》を言《い》っているのかわからないことがある。そんなとき、僕《ぼく》はグプタさんに小《ちい》さい声《こえ》で、「今《いま》、何《なん》と言《い》ったんですか」と聞《き》く。グプタさんはおもしろい。大阪《おおさか》のことばのほうがわかりやすい、と言《い》うんだから。

昼休《ひるやす》み、グプタさんはよく、インド料理《りょうり》のレストランへカレーを食《た》べに行《い》く。そのレストランは、駅《えき》の近《ちか》くにある。僕《ぼく》も一度《いちど》、連《つ》れて行《い》ってもらったことがある。少《すこ》し辛《から》いけど、とてもおいしい。

僕《ぼく》はインドのカレーを食《た》べながら、グプタさんに、

「日本《にほん》のカレーはどうですか」

と聞《き》いた。するとグプタさんは、

「おいしいと思《おも》います。でも、インドのカレーと日本《にほん》のカレーは、違《ちが》う食《た》べ物《もの》です」

と言《い》った。

日本《にほん》では、何《なん》でもカレーに入《い》れるし、何《なん》にでもカレーを入《い》れる。とても自由《じゆう》だ。カツカレー、ハンバーグカレー、シーフードカレー、チーズカレー、カレーパン、カレーうどん、カレー味《あじ》のピザ、カレー

味《あじ》のお菓子《かし》……。

僕《ぼく》が好《す》きなのは、カレー味《あじ》のインスタントラーメンだ。夜《よる》、おなかがすいたとき、すごく食《た》べたくなる。

なぜだろう？

七　金曜日《きんようび》の晩《ばん》はちょっと……

「はい」

「木村《きむら》さんですか。ミラーです」

「ああ、ミラーさん、こんばんは。久《ひさ》しぶりですね。お元気《げんき》ですか」

「ええ、元気《げんき》です」

この間《あいだ》のお花見《はなみ》のとき、僕《ぼく》は木村《きむら》さんに電話番号《でんわばんごう》を教《おし》えてもらったのだ。

「最近《さいきん》、雨《あめ》が多《おお》いですね」

「ええ、六月《ろくがつ》は雨《あめ》が多《おお》いんです。今《いま》の季節《きせつ》のことを、日本語《にほんご》では『梅雨《つゆ》』というんですよ」

「知《し》っていますよ。『梅雨《つゆ》』とか『低気圧《ていきあつ》』とか……」

「へえ、よく知《し》っていますね」

「朝《あさ》のラジオで、木村《きむら》さんが毎日言《まいにちい》っていますよ」

「あら、そうでした。ふふふっ」

「大阪《おおさか》の天気《てんき》は、晴《は》れ、時々曇《ときどきくも》り、午後《ごご》からは、所《ところ》により、にわか雨《あめ》が降《ふ》るでしょう……」

「わあ、上手《じょうず》ですね」

「いつも聞《き》いていますから」

天気予報《てんきよほう》の日本語《にほんご》は、なぜか耳《みみ》に残《のこ》る*から、自然《しぜん》に覚《おぼ》えてしまっ

*耳《みみ》に残《のこ》る

たのだ。

「きょうの天気予報《てんきよほう》は、外《はず》れましたね」

「ええ、ごめんなさいね。ミラーさんはそれが言《い》いたくて、わたしに電話《でんわ》したんですか」

「いいえ、違《ちが》いますよ。木村《きむら》さんは悪《わる》くないですからね」

「もちろんですよ」

電話《でんわ》の向《む》こうで、木村《きむら》さんが笑《わら》っているのがわかった。

「あのう、木村《きむら》さんはこの間《あいだ》、クラシックが好《す》きだと言《い》っていましたよね」

「ええ」

「クラシックのコンサートのチケットがあるんですが、よかったら、いっしょにいかがですか」

「いいですね。どんなコンサートですか」

「ウィーンのオーケストラが、モーツァルトの曲《きょく》を演奏《えんそう》します」

「ウィーンのオーケストラが、大阪《おおさか》へ来《く》るんですか」

「ええ」

「それはぜひ、聞《き》きに行《い》きたいですね。コンサートはいつですか」

「来週《らいしゅう》の金曜日《きんようび》の晩《ばん》です」

「えっ、金曜日《きんようび》ですか」

「はい、金曜日《きんようび》です」

「うーん。金曜日《きんようび》の晩《ばん》はちょっと……」

木村《きむら》さんの声《こえ》が、急《きゅう》に小《ちい》さくなった。

「だめですか」

「ええ、残念《ざんねん》ですが、友達《ともだち》と約束《やくそく》がありますから、……」

「そうですか」

「ええ、また今度《こんど》、お願《ねが》いします。それじゃ、また……」

そう言《い》って、木村《きむら》さんはすぐ電話《でんわ》を切《き》った。もう少《すこ》し話《はな》したかったのに……。

木村《きむら》さんは、何《なに》か様子《ようす》が変《へん》だった。

約束《やくそく》している友達《ともだち》は、男《おとこ》の人《ひと》かもしれない。木村《きむら》さんはきれいだから、きっと男《おとこ》の人《ひと》に誘《さそ》われることも多《おお》いはずだ。

恋人《こいびと》がいるのかな。

七　金曜日の晩はちょっと……

八　子《こ》どもが読《よ》む本《ほん》

土曜日《どようび》はいつも、バスに乗《の》って図書館《としょかん》へ行《い》く。
僕《ぼく》は図書館《としょかん》に入《はい》ると、まず二階《にかい》の外国語《がいこくご》の本《ほん》のコーナーへ行《い》く。
数《かず》はあまり多《おお》くないけど、英語《えいご》の本《ほん》が読《よ》めるだけで、僕《ぼく》はうれしくなる。
画集《がしゅう》や図鑑《ずかん》を見《み》るのも好《す》きだ。画集《がしゅう》や図鑑《ずかん》は、ことばがわからなくても楽《たの》しめるから。
日本語《にほんご》の本《ほん》にも時々《ときどき》チャレンジするけど、すぐ疲《つか》れてしまう。僕《ぼく》

にはまだ、知《し》らないことばが多《おお》すぎる。

ある日《ひ》、図書館《としょかん》で山田《やまだ》さんの息子《むすこ》の太郎《たろう》ちゃんに会《あ》った。

太郎《たろう》ちゃんはＤＶＤを見《み》ていた。外国語《がいこくご》の本《ほん》のコーナーの隣《となり》には、ビデオやＤＶＤが見《み》られるコーナーもあるのだ。

「何見《なにみ》てるの？」

と僕《ぼく》は聞《き》いた。

「歴史《れきし》のＤＶＤ」

「へえ、おもしろそうだね。今見《いまみ》てるのは、いつごろの話《はなし》なの？」

「戦国時代《せんごくじだい》だよ」

「せんごくじだい？」

「知《し》らないの？　織田信長《おだのぶなが》とか、武田信玄《たけだしんげん》とか……」

僕《ぼく》は日本《にほん》の歴史《れきし》をあまり知《し》らない。

「太郎《たろう》ちゃんは、歴史《れきし》が好《す》きなんだね」

「うん。特《とく》にこの時代《じだい》が好《す》きなんだ。それから、三国時代《さんごくじだい》も。戦国《せんごく》時代《じだい》よりずっとまえの、中国《ちゅうごく》の歴史《れきし》だよ」

中国《ちゅうごく》の歴史《れきし》？　まだ八歳《はっさい》なのに、隣《となり》の国《くに》の歴史《れきし》も知《し》ってるの？　すごいなあ。

僕《ぼく》も日本《にほん》の歴史《れきし》の勉強《べんきょう》をしてみようかな。

僕《ぼく》は受付《うけつけ》の五十歳《ごじゅっさい》ぐらいの女《おんな》の人《ひと》に、歴史《れきし》の本《ほん》の場所《ばしょ》を聞《き》いた。

受付《うけつけ》の女《おんな》の人《ひと》は、

「そちらの階段《かいだん》で一階《いっかい》へ降《お》りられまして、入口《いりぐち》の反対《はんたい》の方《ほう》へ歩《ある》かれますと、新聞《しんぶん》のコーナーがございます。その右隣《みぎどなり》には、政治《せいじ》と経済《けいざい》の本《ほん》が並《なら》んでおります。歴史《れきし》の本《ほん》は、その裏《うら》の棚《たな》にございます」

と言《い》って、この図書館《としょかん》のパンフレットを僕《ぼく》に渡《わた》してくれた。

たぶん上手《じょうず》な説明《せつめい》だったと思《おも》うけど、僕《ぼく》の耳《みみ》は敬語《けいご》に慣《な》れていなくて、ほとんど頭《あたま》に入《はい》らなかった。*

僕《ぼく》は「ありがとうございます」と言《い》って、そのパンフレットにかいてある図《ず》を見《み》ながら、歴史《れきし》の本《ほん》を探《さが》した。パンフレットの図《ず》はわかりやすくて、歴史《れきし》の本《ほん》はすぐ見《み》つかった。

歴史《れきし》の本《ほん》は、どれも厚《あつ》くて、字《じ》が多《おお》かった。知《し》らない漢字《かんじ》もたくさんあった。僕《ぼく》の日本語《にほんご》では歯《は》が立《た》たない。*

こうなったら……。

僕《ぼく》は自分《じぶん》でも読《よ》めそうな本《ほん》を探《さが》しに、別《べつ》のコーナーへ向《む》かった。

*頭《あたま》に入《はい》らない

*歯《は》が立《た》たない

そして、よさそうな本《ほん》を見《み》つけたので、それを持《も》って、太郎《たろう》ちゃんに見《み》せてみた。

「僕《ぼく》もちょっと歴史《れきし》を勉強《べんきょう》しようと思《おも》うんだけど、この本《ほん》はどう？」

太郎《たろう》ちゃんはその本《ほん》を見《み》て、それから僕《ぼく》を見《み》て、鼻《はな》で笑《わら》った。*

「それ、子《こ》どもが読《よ》む本《ほん》だよ」

その本《ほん》は字《じ》が大《おお》きくて、全部《ぜんぶ》の漢字《かんじ》にふりがなが付《つ》いていた。

「知《し》ってるよ。でも僕《ぼく》には、これぐらい簡単《かんたん》じゃないと……」

きっとこんな本《ほん》でも、僕《ぼく》は何回《なんかい》も辞書《じしょ》を使《つか》うと思《おも》う。いつになったら、僕《ぼく》は大人《おとな》の本《ほん》を楽《らく》に読《よ》めるようになるのだろう。

「ところで太郎《たろう》ちゃんは、何《なん》で歴史《れきし》が好《す》きになったの？」

僕《ぼく》がそう聞《き》いたら、太郎《たろう》ちゃんは、

*鼻《はな》で笑《わら》う

「もちろんゲームだよ」

と言《い》った。

九　カメラ

週末《しゅうまつ》、電車《でんしゃ》で京都《きょうと》へ旅行《りょこう》に行《い》って来《き》た。
京都《きょうと》には日本《にほん》の古《ふる》い建物《たてもの》がたくさん残《のこ》っていて、僕《ぼく》が日本《にほん》でいちばん行《い》きたかった町《まち》だ。大阪《おおさか》から近《ちか》いから、すぐ行《い》ける。
僕《ぼく》はインターネットで安《やす》いホテルを見《み》つけて、そこに一日《いちにち》だけ泊《と》まった。部屋《へや》は小《ちい》さかったけど、きれいだったし、ホテルの人《ひと》も親《しん》切《せつ》だった。
マンションへ帰《かえ》って来《き》たとき、管理人《かんりにん》の井上《いのうえ》さんが、庭《にわ》で掃除《そうじ》をしていた。

「ただいま」

「ああ、ミラーさん。お帰《かえ》りなさい」

「これ、京都《きょうと》のお土産《みやげ》です」

「えっ、わたしに？」

「はい、どうぞ」

井上《いのうえ》さんには、いろいろお世話《せわ》になっているから。井上《いのうえ》さんは、電《でん》気《き》のことやガスのことなど、何《なん》でもわからないことを教《おし》えてくれる。

「どうもすみませんね。じゃ、ありがとう。京都《きょうと》はどうでしたか。暑《あつ》かったでしょう？」

「はい」

「京都《きょうと》の夏《なつ》はとても暑《あつ》いんですよ。祇園祭《ぎおんまつり》は見《み》ましたか」

「ええ、おもしろかったです。とてもにぎやかでした」

「祇園祭《ぎおんまつり》は京都《きょうと》の祭《まつ》りで、いちばん有名《ゆうめい》ですからね」

「外国人《がいこくじん》もたくさんいましたよ」

「そうですか」

「写真《しゃしん》をたくさん撮《と》りました」

僕《ぼく》は井上《いのうえ》さんに、撮《と》った写真《しゃしん》を見《み》せた。

「へえ、どれもいい写真《しゃしん》ですね」

「学生《がくせい》のころから、趣味《しゅみ》で写真《しゃしん》を撮《と》っているんです」

僕《ぼく》は特《とく》に、建物《たてもの》を撮《と》るのが好《す》きだ。

一《ひと》つの建物《たてもの》でも、横《よこ》から撮《と》ったり、裏《うら》から撮《と》ったり、中《なか》に入《はい》って撮《と》ったりする。最近《さいきん》は、だれがどういうことを考《かん》えて建《た》てたのか、ということにも興味《きょうみ》を持《も》つようになった。

井上《いのうえ》さんは掃除《そうじ》をする手《て》を止《と》めて、僕《ぼく》のカメラを見《み》た。

「ほう、ニコンの一眼《いちがん》レフ*ですね。わたしも写真《しゃしん》が趣味《しゅみ》で、よくカメラを持《も》って山《やま》へ登《のぼ》ったりしますよ。わたしが持《も》っているのは、昔《むかし》のフィルムのカメラです」

「わたしも一台《いちだい》、フィルムのカメラを持《も》っていますよ」

「そうですか。若《わか》いのに珍《めずら》しいですね。フィルムのことを知《し》っている人《ひと》も、少《すく》なくなりました。最近《さいきん》は、ケータイでも簡単《かんたん》に写真《しゃしん》が撮《と》れますから、便利《べんり》になりましたね」

「でもわたしは、ケータイで写真《しゃしん》を撮《と》るのが、あまり好《す》きじゃあり

＊一眼《いちがん》レフ

ません。旅行《りょこう》のとき、カメラを持《も》っていないと、手《て》が寂《さび》しい*んです。ケータイは小《ちい》さすぎます」

「ミラーさんは、カメラが好《す》きなんですね」

「はい」

急《きゅう》に風《かぜ》が吹《ふ》いて、井上《いのうえ》さんが集《あつ》めていたごみがばらばらになった。*

井上《いのうえ》さんは、急《いそ》いでそれを集《あつ》め直《なお》した。

「あしたもお休《やす》みですか」

井上《いのうえ》さんは僕《ぼく》に背《せ》を向《む》けながら、そう聞《き》いた。

「いいえ、あしたは仕事《しごと》です」

「そうですか。疲《つか》れたでしょうから、きょうは早《はや》く休《やす》んだほうがいいですよ」

*手《て》が寂《さび》しい

*ばらばらになる

「はい、そうします」

僕《ぼく》はそう言《い》って、荷物《にもつ》を持《も》って自分《じぶん》の部屋《へや》へ戻《もど》った。

十　つるや

「ミラーさん、もう十二時《じゅうにじ》ですよ。昼《ひる》ごはんを食《た》べに行《い》きませんか」

「ええ」

山田《やまだ》さんは時々《ときどき》、僕《ぼく》をご飯《はん》に誘《さそ》ってくれる。でも、山田《やまだ》さんが僕《ぼく》を誘《さそ》うときは、いつも何《なに》か僕《ぼく》に話《はな》したいことがある。

「どこへ行《い》きますか」

「そうですね。きょうは日本料理《にほんりょうり》が食《た》べたいですね」

「じゃ、『つるや』へ行《い》きましょう」

山田《やまだ》さんと僕《ぼく》は、「つるや」へ行《い》った。「つるや」は、会社《かいしゃ》のビルから歩《ある》いて五分《ごふん》の所《ところ》にある。

「いらっしゃいませ」

「二人《ふたり》です」

「こちらへどうぞ」

お店《みせ》の人《ひと》が、冷《つめ》たいお茶《ちゃ》を持《も》って来《く》る。

「ご注文《ちゅうもん》は？」

「わたしはてんぷら定食《ていしょく》」

「わたしは牛《ぎゅう》どん」

「つるや」の料理《りょうり》は、どれもおいしい。きょうはてんぷらにした。僕《ぼく》は時々《ときどき》、てんぷらが食《た》べたくなる。日本人《にほんじん》みたいだ。山田《やまだ》さんは「つるや」へ来《く》ると、いつも牛《ぎゅう》どんを注文《ちゅうもん》する。

「てんぷら定食《ていしょく》と牛《ぎゅう》どんですね。少々《しょうしょう》お待《ま》ちください」

お店《みせ》の人《ひと》が向《む》こうへ行《い》ってから、僕《ぼく》は山田《やまだ》さんに聞《き》いた。

「わたし、また何《なに》か問題《もんだい》がありましたか」

部長《ぶちょう》や山田《やまだ》さんに注意《ちゅうい》されることは減《へ》ったけど、この会社《かいしゃ》にはまだ、僕《ぼく》が知《し》らない規則《きそく》があるかもしれないのだ。

「えっ？　いいえ、何《なに》も問題《もんだい》ないですよ。この間《あいだ》、ミラーさんは仕《し》事《ごと》を覚《おぼ》えるのが早《はや》い、と部長《ぶちょう》が褒《ほ》めていました」

「そうですか」

「きょうは仕事《しごと》の話《はなし》じゃないから、安心《あんしん》してください」

「よかった」

「実《じつ》は今度《こんど》、『あすか』で食事会《しょくじかい》をするんですが、よかったらミラーさんも来《き》ませんか」

食事会《しょくじかい》？

「どんな食事会《しょくじかい》ですか」

「『みんなの会《かい》』といって、日本人《にほんじん》と外国人《がいこくじん》がいっしょに楽《たの》しく食事《しょくじ》をする会《かい》です。佐藤《さとう》さんも来《き》ますよ」

木村《きむら》さんも来《く》るのかな。僕《ぼく》はすぐ、そのことを考《かんが》えた。

「もちろん、無理《むり》に参加《さんか》しなくてもいいですからね」

「わたしもぜひ参加《さんか》したいです」

「そうですか、よかった」

先《さき》に山田《やまだ》さんが注文《ちゅうもん》した牛《ぎゅう》どんが運《はこ》ばれて来《き》た。

「すみません。じゃ、お先《さき》に」

と山田《やまだ》さんは言《い》って、一人《ひとり》で牛《ぎゅう》どんを食《た》べ始《はじ》めた。会社《かいしゃ》の昼休《ひるやす》みは、十二時《じゅうにじ》から一時《いちじ》までだ。ゆっくりご飯《はん》を食《た》べることはできない。

僕《ぼく》のてんぷら定食《ていしょく》が来《く》るまでに、山田《やまだ》さんは半分《はんぶん》食《た》べ終《お》わってしまった。

山田《やまだ》さんは、僕《ぼく》の前《まえ》に置《お》かれたてんぷら定食《ていしょく》を見《み》ながら、

「わたしも独身《どくしん》だったら、てんぷら定食《ていしょく》を注文《ちゅうもん》するんだけど……」

と言《い》った。

「それは、どういう意味《いみ》ですか」

「わたしの昼《ひる》ごはんは、七百円《ななひゃくえん》までと決《き》められているんです」

「えっ、だれが決《き》めたんですか」

「だれって、言《い》わなくてもわかるでしょう？」

「……友子《ともこ》さんですか」

「ええ。妻《つま》はとてもお金《かね》に厳《きび》しいんです」

「自分《じぶん》で働《はたら》いて、もらった給料《きゅうりょう》なのに……」

「うちでは、妻《つま》がお金《かね》を管理《かんり》しているんですよ」

「それは変《へん》ですね」

「わたしも最初《さいしょ》はちょっと嫌《いや》でしたが、慣《な》れると楽《らく》です。妻《つま》は銀行《ぎんこう》員《いん》なので、お金《かね》の管理《かんり》が上手《じょうず》だし、それに、子《こ》どもがいると、とてもお金《かね》がかかりますから」

「それはそうですけど……」

＊

「はい、ありがとうございます。千六百八十円《せんろっぴゃくはちじゅうえん》でございます」

僕《ぼく》は財布《さいふ》から二千円《にせんえん》を出《だ》して、お店《みせ》の人《ひと》に渡《わた》した。

「あ、ミラーさん。それはだめですよ」

「いつもお世話《せわ》になっていますから」

それに、あんな話《はなし》を聞《き》いたあとだし……。

「だめです」

山田《やまだ》さんは、お店《みせ》の人《ひと》からお金《かね》を返《かえ》してもらった。

「すみません。じゃ、別々《べつべつ》にお願《ねが》いします」

「ごちそうさま」

と僕《ぼく》は言《い》った。

「はい。てんぷら定食《ていしょく》は九百八十円《きゅうひゃくはちじゅうえん》、牛《ぎゅう》どんは七百円《ななひゃくえん》です」

十一　みんなの会《かい》

みんなの会《かい》は、「あすか」という店《みせ》で行《おこな》われた。「あすか」は日本料理《にほんりょうり》のお店《みせ》だ。「つるや」よりメニューが多《おお》くて、刺身《さしみ》やすき焼《や》きも食《た》べられる。いろいろなお酒《さけ》も飲《の》める。僕《ぼく》は、日《に》本料理《ほんりょうり》のお店《みせ》だったら、どこでも刺身《さしみ》やすき焼《や》きが食《た》べられると思《おも》っていた。

みんなの会《かい》に参加《さんか》したのは、山田《やまだ》さん、佐藤《さとう》さん、サントスさん、マリアさん、テレーザちゃん、カリナさん、ワンさん、タワポンさん、そして、木村《きむら》さん。グプタさんも誘《さそ》ったけど、用事《ようじ》があるからと言《い》って、来《こ》なかった。

「それでは、皆《みな》さん集《あつ》まったようなので、そろそろ始《はじ》めましょうか。まず、飲《の》み物《もの》を注文《ちゅうもん》しましょう」

と山田《やまだ》さんは言《い》って、みんなの飲《の》み物《もの》を聞《き》いた。そして、ビールを七杯《ななはい》、ワインを一杯《いっぱい》、りんごジュースを二杯注文《にはいちゅうもん》した。

僕《ぼく》はのどがかわいていたから、テーブルの上《うえ》の水《みず》を飲《の》もうと思《おも》って、コップを持《も》った。

そうしたら佐藤《さとう》さんに、

「ミラーさん、それを飲《の》んではいけません」

と言《い》われた。

「えっ、どうしてですか」

「のどがかわいているほうが、ビールがおいしいですよ」

佐藤《さとう》さんは、こんなことを言《い》ってくれる人《ひと》だ。

「きょうは、新《あたら》しい人《ひと》が来《き》てくれました」

山田《やまだ》さんがそう言《い》って、こちらを見《み》たので、みんなも僕《ぼく》を見《み》た。

「初《はじ》めまして。マイク・ミラーです。アメリカから来《き》ました。どうぞよろしく」

と僕《ぼく》はあいさつした。

「では、ミラーさんに皆《みな》さんを紹介《しょうかい》しますね。こちらはサントスさんです。ブラジルの方《かた》です。わたしのうちの隣《となり》に住《す》んでいます」

「初《はじ》めまして」

「それから、その隣《となり》が奥《おく》さんのマリアさんと、娘《むすめ》さんのテレーザちゃんです」

「初《はじ》めまして」

「テレーザちゃん、きょうは太郎《たろう》が来《こ》られなくて、ごめんね」

と山田《やまだ》さんが言《い》った。

テレーザちゃんは、お母《かあ》さんの横《よこ》で恥《は》ずかしそうに笑《わら》った。

「そして、あちらがカリナさん。インドネシアから来《き》た、富士大学《ふじだいがく》の学生《がくせい》さんです」

「初《はじ》めまして」

あれ？　この女《おんな》の人《ひと》、どこかで見《み》たことがある。

「その隣《となり》がタワポンさんです。タイから来《き》た、日本語学校《にほんごがっこう》の生徒《せいと》さんです」

「初《はじ》めまして」

会社《かいしゃ》の近《ちか》くのコンビニで、アルバイトをしている人《ひと》だ。

「その隣《となり》がワンさんです。中国《ちゅうごく》の方《かた》です。神戸病院《こうべびょういん》の先生《せんせい》で、わたしの中国語《ちゅうごくご》の先生《せんせい》です」

「初《はじ》めまして」

山田《やまだ》さんに土《つち》の人形《にんぎょう》をあげた人《ひと》だな。

「そして、佐藤《さとう》さんの隣《となり》に座《すわ》っているのが、木村《きむら》さんです。アナウンサーをしています」

「ミラーさん、久《ひさ》しぶりですね」

と木村《きむら》さんが言《い》った。

「ええ、お久《ひさ》しぶりです」

「ああ、友達《ともだち》だったんですね」

と山田《やまだ》さんが言《い》った。

「はい、一度《いちど》、いっしょにお花見《はなみ》に行《い》ったことがあるんです」

「そうでしたか。では、飲《の》み物《もの》が来《き》ましたので、乾杯《かんぱい》しましょう」

「乾杯《かんぱい》！」

やっと飲《の》める。僕《ぼく》はぐいとビールを飲《の》んで、*

「ああ、うまい！」

と声《こえ》を出《だ》してしまった。

「ね、おいしいでしょう？」

と佐藤《さとう》さんは言《い》った。佐藤《さとう》さんは、もう半分《はんぶん》飲《の》み終《お》わっている。

*ぐいと飲《の》む

ワインを飲《の》んでいるのはマリアさんで、りんごジュースを飲《の》んでいるのはテレーザちゃんとカリナさんだった。

カリナさんは僕《ぼく》に、

「ミラーさんは、よく図書館《としょかん》へ行《い》きますか」

と聞《き》いた。それで、僕《ぼく》は思《おも》い出《だ》した。図書館《としょかん》でよく見《み》る人《ひと》だ。いつも熱心《ねっしん》に勉強《べんきょう》している。

「ええ。カリナさんは、何《なん》の勉強《べんきょう》をしているんですか」

「美術《びじゅつ》の勉強《べんきょう》をしています」

「そうですか。自分《じぶん》でも絵《え》をかくんですか」

「わたしのうちに飾《かざ》ってある絵《え》は、カリナさんがかいたんですよ」

と山田《やまだ》さんが言《い》った。

「ああ、そうでしたか。あの絵《え》、すてきですね」

「ありがとうございます。今《いま》は、大阪《おおさか》のにぎやかな景色《けしき》にチャレンジしています」

「それはおもしろそうですね。かき終《お》わったら、ぜひ見《み》せてください」

「ええ」

「絵《え》だったら、僕《ぼく》もかくよ」

そう言《い》ったのは、タワポン君《くん》だ。

「タワポンさんがかいているのは、マンガでしょう？　いっしょにしないでくださいよ」

とカリナさんが言《い》った。

「マンガだって、そんなに簡単《かんたん》じゃないよ。話《はなし》も考《かんが》えないといけないし……」

タワポン君《くん》は、「です」や「ます」をあまり使《つか》わない。でも、とても自然《しぜん》に日本語《にほんご》を話《はな》す。

「君《きみ》は日本《にほん》に来《き》て、どれくらいになるの？」

と僕《ぼく》は聞《き》いた。

「去年来《きょねんき》たばかりだよ」

「えっ！」

「タワポンさんはアニメが好《す》きで、タイにいるときも毎日《まいにち》アニメの日本語《にほんご》のシャワーを浴《あ》びていたから、こんなふうになってしまったんです」

とカリナさんが説明《せつめい》してくれた。

「『なってしまった』っていう言《い》い方《かた》はおかしいよね」

とタワポン君《くん》が言《い》い返《かえ》した。

「いいえ、これは日本語《にほんご》の正《ただ》しい使《つか》い方《かた》です」

「ははは」

僕《ぼく》は笑《わら》ってしまった。タワポン君《くん》とカリナさんは、大阪《おおさか》の漫才《まんざい》コンビ*みたいだ。

サントスさんは動物《どうぶつ》が好《す》きで、写真《しゃしん》を撮《と》るのも好《す》きなので、僕《ぼく》と趣味《しゅみ》が合《あ》った。サントスさんのうちでは、犬《いぬ》と猫《ねこ》を飼《か》っているそうだ。ほんとうかどうかわからないけど、犬《いぬ》の方《ほう》は少《すこ》し日本語《にほんご》がわかるそうだ。また今度《こんど》、サントスさんとはゆっくり話《はな》したい。

*漫才《まんざい》コンビ

木村《きむら》さんとはあまり話《はな》す時間《じかん》がなかった。

僕《ぼく》は帰《かえ》るとき、木村《きむら》さんを映画《えいが》に誘《さそ》った。

『交差点《こうさてん》』という映画《えいが》が、来週《らいしゅう》から始《はじ》まる。電車《でんしゃ》の中《なか》でその映画《えいが》の広告《こうこく》を見《み》て、おもしろそうだったから、だれかと見《み》に行《い》きたいと思《おも》っていたのだ。

木村《きむら》さんは、「ええ、ぜひ」と言《い》ってくれた。

また「ちょっと……」と言《い》われたら、もう誘《さそ》うのをやめるつもりだったけど、よかった。

十一　みんなの会

十二　髪《かみ》を切《き》る

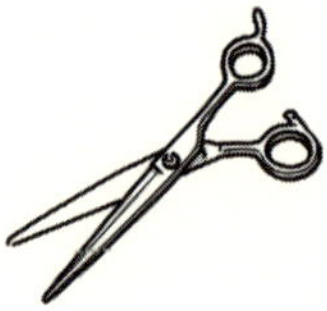

「いらっしゃいませ。あのう、日本語《にほんご》わかりますか」

僕《ぼく》が美容院《びよういん》に入《はい》ったら、美容師《びようし》の女《おんな》の人《ひと》が僕《ぼく》にそう聞《き》いた。

「はい、大丈夫《だいじょうぶ》です」

と僕《ぼく》は言《い》った。

「そうですか。では、そちらで少々《しょうしょう》お待《ま》ちください」

その美容師《びようし》は安心《あんしん》したようだ。

日本《にほん》の美容院《びよういん》に入《はい》ったのは初《はじ》めてだ。日本《にほん》へ来《き》てから、ずっと髪《かみ》を切《き》っていなかった。僕《ぼく》は、いつもと同《おな》じ髪型《かみがた》にするつもりだった。でも待《ま》っている間《あいだ》、何《なに》もすることがなかったから、棚《たな》に置《お》いてあるカタログを手《て》に取《と》った。アメリカでは見《み》たことがない髪型《かみがた》がたくさんあった。

「お客様《きゃくさま》、お待《ま》たせしました。きょうはどうなさいますか」

と美容師《びようし》の女《おんな》の人《ひと》が僕《ぼく》に聞《き》いた。

「カットお願《ねが》いします」

「じゃ、こちらへどうぞ」

僕《ぼく》は隣《となり》の部屋《へや》に案内《あんない》されて、歯医者《はいしゃ》のいすみたいな所《ところ》に座《すわ》った。

「いすが動《うご》きますよ」

と女《おんな》の人《ひと》は言《い》って、ボタンを押《お》した。いすが横《よこ》に長《なが》くなって、僕《ぼく》の体《からだ》がゆっくり倒《たお》れた。

それから女《おんな》の人《ひと》は、シャンプーを始《はじ》めた。

あれ？　僕《ぼく》は「カット」と言《い》ったんだけど……。

「かゆい所《ところ》はありませんか」

女《おんな》の人《ひと》が僕《ぼく》の髪《かみ》を洗《あら》いながら聞《き》いた。

「かゆい」ってどういう意味《いみ》だろう？　僕《ぼく》はこのことばの意味《いみ》を知《し》らなかった。「い」で終《お》わるから、たぶん形容詞《けいようし》だと思《おも》うけど……。

僕《ぼく》は何《なに》も言《い》わなかった。でも、女《おんな》の人《ひと》はそのままシャンプーを続《つづ》けて、それから水《みず》で洗《あら》い始《はじ》めた。

「温度《おんど》はいかがですか」

水《みず》が温《あたた》かくなってきた。水《みず》の温度《おんど》がこのままでいいかを聞《き》いているようだ。

「ちょうどいいです」

と僕《ぼく》は答《こた》えた。

女《おんな》の人《ひと》はタオルで僕《ぼく》の髪《かみ》をふいて、そのタオルを僕《ぼく》の頭《あたま》の上《うえ》に載《の》せた。

まだ髪《かみ》は切《き》らない。

それから女《おんな》の人《ひと》は、うしろから僕《ぼく》の肩《かた》を触《さわ》り始《はじ》めた。

僕《ぼく》はびっくりした。これは何《なに》をしているの？　僕《ぼく》は「カット」って言《い》ったはずだよ。おかしいなあ。ここは普通《ふつう》の美容院《びよういん》じゃないのかなあ。でも女《おんな》の人《ひと》のお客《きゃく》さんも来《き》ているから、変《へん》な店《みせ》ではないと思《おも》うけど……。

「痛《いた》くないですか」

と女《おんな》の人《ひと》は僕《ぼく》に聞《き》いた。

「あのう、わたしはカットをお願《ねが》いしたんですが……」

「マッサージは要《い》りませんでしたか。これは無料《むりょう》のサービスですよ」

「ああ、そうだったんですね」

「どうされますか」

「……じゃ、お願《ねが》いします」

鏡《かがみ》の中《なか》の僕《ぼく》の顔《かお》は、少《すこ》し赤《あか》くなっていた。こんなサービス、アメリカにはない。

「日本《にほん》の美容院《びよういん》は、初《はじ》めてなんですか」

「はい」

「日本語《にほんご》、お上手《じょうず》ですね」

「いいえ、まだまだです」

また言《い》われた。

マッサージが終《お》わってから、美容師《びようし》はやっとはさみを持《も》った。

「カットはどういうふうになさいますか」

「えーと……」

僕《ぼく》は、日本語《にほんご》でどう言《い》えばいいのかわからなかった。考《かんが》えていなかった。しまった。入《はい》るまえに考《かんが》えておけばよかった……。

そのとき、

「この写真《しゃしん》みたいにしてください」

「あ、すてきですね」

隣《となり》から客《きゃく》と美容師《びようし》の会話《かいわ》が聞《き》こえた。そうか、写真《しゃしん》を見《み》せればいいんだ。

「すみません、カタログを見《み》てもいいですか」

「ええ、今持《いまも》って来《き》ますね」

僕《ぼく》は持《も》って来《き》てもらったカタログを開《ひら》いて、僕《ぼく》のいつもの髪型《かみがた》を探《さが》した。

でも、なかなか見《み》つからない。こんなにたくさん載《の》っているのに、どうして普通《ふつう》の髪型《かみがた》はないんだろう。

こうなったら、違《ちが》う髪型《かみがた》にチャレンジしてみようか。

でも……。

あ、そうだ！

僕《ぼく》はポケットから、社員証《しゃいんしょう》を取《と》り出《だ》した。

「この写真《しゃしん》みたいにしてください」

そこには、髪《かみ》を切《き》ったばかりの僕《ぼく》の写真《しゃしん》があった。

十三　交差点《こうさてん》

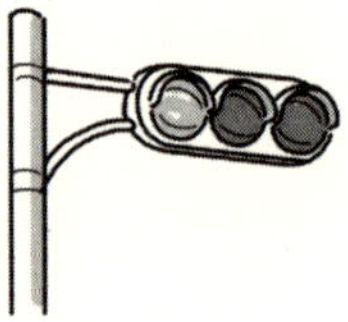

映画《えいが》『交差点《こうさてん》』を見終《みお》わったあと、木村《きむら》さんは僕《ぼく》に、

「お茶《ちゃ》でもしませんか」

と言《い》った。

お茶《ちゃ》をする？　それはどういう意味《いみ》？　茶道《さどう》のこと？

僕《ぼく》はカリナさんに『THE BOOK OF TEA（茶《ちゃ》の本《ほん》）』という本《ほん》を紹介《しょうかい》してもらって、図書館《としょかん》で借《か》りて来《き》たばかりだった。これは百年《ひゃくねん》以上《いじょう》まえに書《か》かれた本《ほん》で、岡倉天心《おかくらてんしん》という日本人《にほんじん》が外国人《がいこくじん》に日本《にほん》の文化《ぶんか》を紹介《しょうかい》するために、英語《えいご》で書《か》いたものだ。

木村《きむら》さんは返事《へんじ》に困《こま》っている僕《ぼく》を見《み》て、今度《こんど》は、喫茶店《きっさてん》に入《はい》りませんか、と英語《えいご》で言《い》った。とてもきれいな発音《はつおん》だった。

「ああ、いいですね。そうしましょう」

そして僕《ぼく》たちは、近《ちか》くの喫茶店《きっさてん》に入《はい》った。

「いい映画《えいが》でしたね」

と木村《きむら》さんが言《い》った。木村《きむら》さんの目《め》が、少《すこ》し赤《あか》くなっていた。映《えい》画《が》を見《み》て、泣《な》いてしまったようだ。

「ええ。あのお父《とう》さんのことばには、心《こころ》を動《うご》かされました*」

と僕《ぼく》は言《い》った。

「どのことばですか」

*心《こころ》を動《うご》かされる

「あれですよ。お父《とう》さんが息子《むすこ》に、『失敗《しっぱい》しても、何回《なんかい》でもチャレンジすればいい』と言《い》ったでしょう? あのことばで泣《な》きそうになりました」

「それですか……。わたしはそれより、お母《かあ》さんの『もう帰《かえ》っておいで』ということばで泣《な》きました」

「そんなことば、ありましたか」

「ありましたよ」

覚《おぼ》えていない……。

僕《ぼく》は広告《こうこく》を見《み》て、恋愛《れんあい》の話《はなし》だと思《おも》っていたけど、実《じっ》は、家族《かぞく》の話《はなし》だった。

「わたしはこの映画《えいが》を見《み》ながら、自分《じぶん》の家族《かぞく》を思《おも》い出《だ》しました」

「そうですか。ミラーさんのご家族《かぞく》は？」

「両親《りょうしん》と姉《あね》が一人《ひとり》います」

「じゃ、映画《えいが》と同《おな》じですね」

「そうなんです」

「どちらにいらっしゃるんですか」

「両親《りょうしん》はニューヨークの近《ちか》くに住《す》んでいます。姉《あね》はロンドンで働《はたら》いています。木村《きむら》さんのご家族《かぞく》は？」

「三人《さんにん》です。父《ちち》は銀行員《ぎんこういん》で、母《はは》は高校《こうこう》で英語《えいご》を教《おし》えています」

「ああ、だから木村《きむら》さんは、英語《えいご》が上手《じょうず》なんですね」

「母《はは》から英語《えいご》を教《おし》えてもらったことは、一度《いちど》もありませんよ。でも、英語《えいご》が話《はな》せると仕事《しごと》で役《やく》に立《た》つので、今《いま》でも夏《なつ》と冬《ふゆ》の短期《たんき》クラスで勉強《べんきょう》を続《つづ》けています」

「木村《きむら》さんみたいに英語《えいご》が上手《じょうず》なら、もう勉強《べんきょう》の必要《ひつよう》はないと思《おも》いますよ」

「わたしは、もっと上手《じょうず》になりたいんです」

「じゃ、わたしが練習《れんしゅう》の相手《あいて》になりますよ」

「……ミラーさんは、忙《いそが》しいでしょう？」

「いいえ、そんなに忙《いそが》しくないですよ」

「でも……」

僕《ぼく》は木村《きむら》さんを困《こま》らせてしまったようだ。

そのとき、木村《きむら》さんのかばんから音《おと》がした。

「あ、ごめんなさい。ちょっと電話《でんわ》が……」

そう言《い》って、木村《きむら》さんはトイレの方《ほう》へ急《いそ》いで行《い》った。木村《きむら》さんは、英語《えいご》で電話《でんわ》の相手《あいて》と話《はな》していた。それから、五分《ごふん》ぐらいで戻《もど》って来《き》た。

「ごめんなさい。ちょっと今《いま》から予定《よてい》が……」

えっ……。もう少《すこ》しいっしょにいたかったのに……。

「英語《えいご》のクラスでお世話《せわ》になっている先生《せんせい》が、東京《とうきょう》から来《き》ているんです」

「そうですか……。なかなか会《あ》えないでしょうから、ぜひ行《い》ってください」

「ありがとう、ミラーさん」

木村《きむら》さんは申《もう》し訳《わけ》なさそうに、そう言《い》った。

お金《かね》を払《はら》おうと思《おも》って、ポケットから財布《さいふ》を出《だ》したら、木村《きむら》さんが、

「もうお金《かね》は払《はら》いましたよ」

と言《い》った。

「えっ、だめですよ。わたしが払《はら》います」

「いいんです。映画《えいが》のチケットは、ミラーさんにもらったんだから」

「そうですか。じゃ、ごちそうさまでした」

そして、僕《ぼく》と木村《きむら》さんは喫茶店《きっさてん》を出《で》た。

「ミラーさんは、どちらへ？」

「そこを右《みぎ》に曲《ま》がると、バス停《てい》があるので、そこからバスで帰《かえ》ります。木村《きむら》さんは？」

「わたしはまっすぐ行《い》って、電車《でんしゃ》で新大阪《しんおおさか》へ向《む》かいます」

「そうですか。じゃ、ここで」

「ええ。ほんとうにごめんなさいね」

「いいえ、大丈夫《だいじょうぶ》です」

「今度《こんど》いっしょに、ご飯《はん》を食《た》べましょう」

「ええ、ぜひ」

そして僕《ぼく》と木村《きむら》さんは、この交差点《こうさてん》で別《わか》れた。

十四　元気茶《げんきちゃ》

「ミラーさん、元気《げんき》がありませんね。どうしたんですか」

佐藤《さとう》さんが心配《しんぱい》そうに、僕《ぼく》に聞《き》いた。

「最近《さいきん》、体《からだ》の調子《ちょうし》がよくないんです」

僕《ぼく》は聞《き》こえないぐらい小《ちい》さな声《こえ》で言《い》った。

「どこか悪《わる》いんですか」

「わかりません」

「病院《びょういん》へ行《い》きましたか」

「いいえ」

「一度《いちど》病院《びょういん》で診《み》てもらったほうがいいですよ」

「ええ、そうですね」

僕《ぼく》は日本《にほん》で病院《びょういん》へ行《い》ったことがない。よくわからないから、あまり行《い》きたくない。

「今《いま》から行《い》ってきたらどうですか」

「えっ、今《いま》から？」

「きょうはそんなに忙《いそが》しくないし、無理《むり》をするのは体《からだ》によくないですから」

「でも……」

「ちょっと待《ま》っていてくださいね」

そして佐藤《さとう》さんは、部長《ぶちょう》がいる部屋《へや》へ入《はい》って行《い》った。

佐藤《さとう》さんはすぐに戻《もど》って来《き》て、

「部長《ぶちょう》に許可《きょか》をもらいました。きょうは早《はや》く帰《かえ》ってもいいって……」

「そうですか。ありがとうございます」

「じゃ、行《い》きましょうか」

「えっ、佐藤《さとう》さんもいっしょに？」

「一人《ひとり》で行《い》けますか」

僕《ぼく》は返事《へんじ》ができなかった。

＊

「どうでしたか」

佐藤《さとう》さんは、病院《びょういん》のロビーで待《ま》っていてくれた。

「どこも悪《わる》くないと言《い》われました。たぶんストレスじゃないかって……」

「仕事《しごと》のストレスでしょうか」

「いいえ、仕事《しごと》のストレスはそんなにないと思《おも》いますが……」

「最近《さいきん》、何《なに》か心配《しんぱい》なことがあるんですか」

「何《なに》もありません」

僕《ぼく》はうそをついた。恥《は》ずかしくて言《い》えない。佐藤《さとう》さんは木村《きむら》さんの友達《ともだち》だし……。

あの日《ひ》から、僕《ぼく》はずっと待《ま》っていた。

あのとき木村《きむら》さんは、「今度《こんど》いっしょに、ご飯《はん》を食《た》べましょう」と言《い》ってくれたのに、あれから一《いっ》か月《げつ》以上《いじょう》、何《なに》も連絡《れんらく》がないのだ。

「外国《がいこく》での生活《せいかつ》は、だれでもストレスがあるはずです。ミラーさんは自分《じぶん》で気《き》がつかなくても、きっとストレスになっていることがあるんですよ」

と佐藤《さとう》さんは言《い》った。

「そうでしょうか」

僕《ぼく》は力《ちから》ない返事《へんじ》をした。*

「ええ。ところで、ミラーさんは今度《こんど》の連休《れんきゅう》、どこか出《で》かけるんですか」

「サントスさんと、北海道《ほっかいどう》へ行《い》く予定《よてい》です」

*力《ちから》ない返事《へんじ》をする

「へえ、いいですね」

「だから、早《はや》く元気《げんき》にならないと……。佐藤《さとう》さんは？」

「わたしは両親《りょうしん》に会《あ》いに、姫路《ひめじ》へ帰《かえ》ります」

「姫路《ひめじ》って、確《たし》か、有名《ゆうめい》な城《しろ》がありますよね」

「ええ、よく知《し》っていますね」

姫路城《ひめじじょう》は日本《にほん》でいちばん有名《ゆうめい》な城《しろ》で、世界遺産《せかいいさん》にもなっている。

「いつか、姫路《ひめじ》へ遊《あそ》びに来《き》てください。案内《あんない》しますよ」

「ええ、ぜひ」

＊

帰《かえ》りの電車《でんしゃ》の中《なか》で、佐藤《さとう》さんは僕《ぼく》にお茶《ちゃ》をくれた。

「これは、わたしが毎日《まいにち》飲《の》んでいるお茶《ちゃ》です。『元気茶《げんきちゃ》』といって、飲《の》むとほんとうに元気《げんき》になるんですよ」

「佐藤《さとう》さんは、これを飲《の》まなくても、いつも元気《げんき》でしょう?」

と僕《ぼく》は笑《わら》いながら言《い》った。僕《ぼく》は元気《げんき》な佐藤《さとう》さんしか見《み》たことがない。

「いいえ、そんなことはありません。これを飲《の》んでいるから、いつも元気《げんき》なんです」

「そうですか」

一度《いちど》だけ、佐藤《さとう》さんは会社《かいしゃ》を休《やす》んだことがあった。その日《ひ》の事務《じむ》所《しょ》は、葬式《そうしき》みたいに静《しず》かだった。

電車《でんしゃ》は、佐藤《さとう》さんが降《お》りる駅《えき》に着《つ》いた。

「じゃ、またあした。早《はや》く元気《げんき》になってね、マイク」

佐藤《さとう》さんは僕《ぼく》の肩《かた》に手《て》を置《お》いて、そう言《い》った。

「えっ、あ、うん。じゃ、またあした」

急《きゅう》に「マイク」って言《い》うから、だれのことだろう、と思《おも》ってしまった。

僕《ぼく》はうちに帰《かえ》ってから、そのお茶《ちゃ》をいれて飲《の》んだ。

とても苦《にが》かった。

そして、少《すこ》し元気《げんき》になった。

佐藤《さとう》さんのおかげだ。

十五　馬《うま》を見《み》に行《い》く

サントスさんに誘《さそ》われて、北海道《ほっかいどう》へ旅行《りょこう》に行《い》った。飛行機《ひこうき》のほうが速《はや》いけど、僕《ぼく》たちは新幹線《しんかんせん》で行《い》くことを選《えら》んだ。新《しん》幹線《かんせん》のほうが、日本《にほん》を旅行《りょこう》している気分《きぶん》になれるから。

旅行《りょこう》のいちばんの目的《もくてき》は、スキーでも温泉《おんせん》でもなくて、馬《うま》を見《み》ることだ。北海道《ほっかいどう》には広《ひろ》い牧場《ぼくじょう》がいくつもあって、馬《うま》や牛《うし》や羊《ひつじ》がたくさんいるそうだ。

「ブラジルには馬《うま》がいますか」

東京《とうきょう》で乗《の》り換《か》えて、北《きた》へ向《む》かう新幹線《しんかんせん》の中《なか》で、僕《ぼく》はサントスさんに聞《き》いた。

「田舎《いなか》にはたくさんいますよ。わたしは子《こ》どものころ、よく馬《うま》に乗《の》っていました。馬《うま》を一頭《いっとう》飼《か》っていたんです」

「そうですか。どんな馬《うま》でしたか」

「静《しず》かで、優《やさ》しい馬《うま》でした。名前《なまえ》は『ビューティー』といいました。とてもきれいな馬《うま》でした」

「『ビューティー』は『黒馬物語《くろうまものがたり》』に出《で》てくる馬《うま》の名前《なまえ》ですね」

「そうです」

馬好《うまず》きで、この物語《ものがたり》が嫌《きら》いな人《ひと》はいない。

「わたしが十二歳《じゅうにさい》のとき、ビューティーは足《あし》にけがをしてしまって、それからすぐ、死《し》んでしまいました」

馬《うま》は足《あし》にけがをしてしまうと、生《い》き続《つづ》けるのが難《むずか》しくなる。サントスさんの目《め》が、もう涙《なみだ》でぬれていた。

「それは悲《かな》しいことでしたね」

と僕《ぼく》は言《い》った。

「すみません。楽《たの》しい旅行中《りょこうちゅう》に、こんな話《はなし》をしてしまって……。北《ほっ》海道《かいどう》まで、あと二時間《にじかん》ぐらいでしょうか。そうそう、北海道《ほっかいどう》には『どさんこ』という北海道《ほっかいどう》の馬《うま》がいるそうですよ」

「そうですか。それは楽《たの》しみですね」

窓《まど》の外《そと》は、さっきから同《おな》じ景色《けしき》が続《つづ》いていた。いつ見《み》ても山《やま》がある。こんな所《ところ》を、こんなに速《はや》い乗《の》り物《もの》が走《はし》っている……。

山《やま》の色《いろ》は、半分以上赤《はんぶんいじょうあか》くなっていた。

＊

「あ、いた。サントスさん、馬《うま》が見《み》えますよ」

新幹線《しんかんせん》の窓《まど》から馬《うま》が見《み》えた。サントスさんの顔《かお》が、ぱっと明《あか》るくなった。サントスさんは、急《いそ》いでカメラを準備《じゅんび》した。

「うまく撮《と》れましたか」

「いいえ。ちょっと遠《とお》いので……」

「もうすぐ駅《えき》に着《つ》きますから、新幹線《しんかんせん》を降《お》りてから、ゆっくり写真《しゃしん》を撮《と》りましょう」

「はい」

「あれがどさんこですか」

「さあ、わたしも見《み》たことがないので、わかりません。でも、きっとそうですよ」

僕《ぼく》たちは駅《えき》を出《で》て、馬《うま》がいる牧場《ぼくじょう》へ向《む》かった。

「寒《さむ》いですね」

「ええ」

思《おも》っていたより、外《そと》は寒《さむ》かった。

「サントスさん、上着《うわぎ》を持《も》って来《こ》なかったんですか」

「来《く》るまえに大阪《おおさか》で買《か》おうと思《おも》ったんですが、サイズが合《あ》う服《ふく》が見《み》つからなくて、買《か》えませんでした」

「サントスさんは体《からだ》が大《おお》きいですからね」

＊

「ミラーさん、あの馬《うま》を見《み》てください」

「どれですか」

「あのオスの馬《うま》です。ずっと一頭《いっとう》のメスだけを見《み》ています。でもメスの方《ほう》は、あのオスを全然《ぜんぜん》相手《あいて》にしていませんね」

「そんなこと、よくわかりますね」

「子《こ》どものころ、毎日馬《まいにちうま》を見《み》ていましたから」

「そうですか」

「恋《こい》をすると、周《まわ》りが見《み》えなくなってしまうんですよ。周《まわ》りにはほかにもたくさん、すてきなメスがいるのに……」

僕《ぼく》は自分《じぶん》のことを言《い》われているみたいで、耳《みみ》が痛《いた》かった。*

それから僕《ぼく》たちは、たくさんの馬《うま》を見《み》た。牛《うし》や羊《ひつじ》も見《み》た。

この景色《けしき》、この風《かぜ》、このにおい。

アメリカにも、こんな牧場《ぼくじょう》がたくさんある。

*耳《みみ》が痛《いた》い

十五　馬を見に行く

十六　アキックスの牧野《まきの》さん

「もしもし、佐藤《さとう》さんですか」

「はい、佐藤《さとう》です」

「ミラーですが、今《いま》、会議室《かいぎしつ》にいます。アキックスの牧野《まきの》さんがいらっしゃったら、教《おし》えてください」

「はい、わかりました」

「それから、資料《しりょう》をコピーしたら、会議室《かいぎしつ》へ持《も》って来《き》てください」

「はい」

「まだグプタさんから、電話《でんわ》がありませんか」

「ええ」

「わかりました。じゃ、よろしくお願《ねが》いします」

そう言《い》って、僕《ぼく》は電話《でんわ》を切《き》った。

困《こま》ったなあ……。グプタさんがこの会議《かいぎ》に間《ま》に合《あ》わなければ、プログラムについて質問《しつもん》をされても、だれも答《こた》えられない。

アキックスは、スポーツ用品《ようひん》を売《う》っている会社《かいしゃ》だ。僕《ぼく》は梅田《うめだ》の居《い》酒屋《ざかや》で、アキックスの牧野《まきの》さんに初《はじ》めて会《あ》った。

そのとき、僕《ぼく》は一人《ひとり》で飲《の》んでいた。山田《やまだ》さんや佐藤《さとう》さんといっしょに飲《の》むこともあるけど、僕《ぼく》はテレビである番組《ばんぐみ》を見《み》て、一人《ひとり》でお酒《さけ》を飲《の》むことを覚《おぼ》えたのだ。

居酒屋《いざかや》での日本人《にほんじん》は、会社《かいしゃ》にいるときと全然違《ぜんぜんちが》う。一人《ひとり》で飲《の》んでいると、よく声《こえ》をかけてくる。

アキックスの牧野《まきの》さんも、そんな中《なか》の一人《ひとり》だった。牧野《まきの》さんはおなかが大《おお》きくて、年《とし》は四十歳《よんじゅっさい》ぐらいの男《おとこ》の人《ひと》だ。

「あれ、ミラーさんじゃないですか」

「ああ、牧野《まきの》さん」

僕《ぼく》と牧野《まきの》さんは、約束《やくそく》していないのに、違《ちが》う店《みせ》でも会《あ》った。三回《さんかい》も。それで、友達《ともだち》になった。

僕《ぼく》は牧野《まきの》さんに、カラオケができる古《ふる》いお店《みせ》に連《つ》れて行《い》ってもらったこともあった。牧野《まきの》さんはそこで、よく演歌《えんか》を歌《うた》った。僕《ぼく》は歌《うた》があまりうまくないから、マイクは持《も》たないで、そこに置《お》いてあったピアノで『エリーゼのために』を弾《ひ》いた。子《こ》どものときに覚《おぼ》えた曲《きょく》だけど、これだけは今《いま》でも弾《ひ》ける。ベートーベンが四十歳《よんじゅっさい》のときに作《つく》った曲《きょく》だ。牧野《まきの》さんもお店《みせ》の人《ひと》も、すばらしいと褒《ほ》めてくれた。

僕《ぼく》がＩＭＣの社員《しゃいん》だと知《し》って、何《なに》かいっしょに仕事《しごと》をしてみたいね、と牧野《まきの》さんは言《い》った。でも、ほんとうにそうなるとは思《おも》っていなかった。

ある日《ひ》、牧野《まきの》さんはＩＭＣの会社《かいしゃ》に来《き》て、こんな話《はなし》をした。

「今《いま》、ジョギングをする人《ひと》が増《ふ》えています。ジョギングをすると、健《けん》康《こう》になります。でもジョギングは、続《つづ》けなければ意味《いみ》がありません。そのために、健康《けんこう》が管理《かんり》できて、ジョギングがもっと楽《たの》しくなる製《せい》品《ひん》を、ＩＭＣの皆《みな》さんといっしょに考《かんが》えたいのです」

牧野《まきの》さんはダイエットのために、毎朝《まいあさ》ジョギングをしている。それで、そんな物《もの》が欲《ほ》しいと思《おも》っていたそうだ。

ＩＭＣの日本人《にほんじん》の社員《しゃいん》は、だれもこの話《はなし》に興味《きょうみ》を持《も》たなかった。でも、うしろでそれを聞《き》いていたグプタさんが、一週間後《いっしゅうかんご》に、自分《じぶん》でプログラムを作《つく》って来《き》た。腕時計《うでどけい》の形《かたち》をした製品《せいひん》にこのプログラムを入《い》れたら、いろいろなことができるそうだ。グプタさんは天才《てんさい》だ、と僕《ぼく》は思《おも》った。

きょうは、そのプログラムの説明《せつめい》をしてもらう予定《よてい》だった。

「どうも、こんにちは。きょうはよろしくお願《ねが》いします」

アキックスの牧野《まきの》さんが、会議室《かいぎしつ》に入《はい》って来《き》た。

「牧野《まきの》さん、こんにちは。こちらこそ、よろしくお願《ねが》いします。申《もう》し訳《わけ》ありませんが、もう少《すこ》し……」

と僕《ぼく》が言《い》っているとき、グプタさんが入《はい》って来《き》た。

グプタさんは、きのうの夜《よる》にプログラムの問題《もんだい》を見《み》つけて、今《いま》まで寝《ね》ないで、それを直《なお》していたそうだ。

そして、グプタさんは日本語《にほんご》で説明《せつめい》を始《はじ》めた。とてもわかりやすい説明《せつめい》だった。グプタさんがこんなに上手《じょうず》に日本語《にほんご》を話《はな》せること、知《し》らなかったよ。

僕《ぼく》は通訳《つうやく》するつもりだったけど、その必要《ひつよう》もなかったね。

牧野《まきの》さんはグプタさんの説明《せつめい》を聞《き》いて、「これはいい！」と言《い》ってくれた。

十七　神社《じんじゃ》

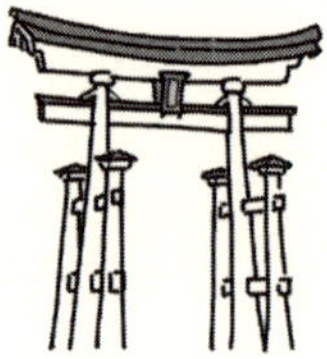

僕《ぼく》は友達《ともだち》と四人《よにん》で、京都《きょうと》の神社《じんじゃ》へ行《い》った。

友達《ともだち》というのは、カリナさんとタワポン君《くん》とワンさんのことだ。

「雨《あめ》が降《ふ》りそうですね」

僕《ぼく》は空《そら》を見《み》て言《い》った。

「天気予報《てんきよほう》は曇《くも》りだったから、たぶん降《ふ》らないんじゃない？」

とタワポン君《くん》が言《い》った。

僕《ぼく》は最近《さいきん》、天気予報《てんきよほう》を聞《き》いていない。

「人《ひと》が多《おお》いですね。この人《ひと》たち、みんな神社《じんじゃ》へ行《い》くのかな」

カリナさんが周《まわ》りを見《み》ながら言《い》った。

「カリナさんは、京都《きょうと》は初《はじ》めてですか」

と僕《ぼく》は聞《き》いた。

「ええ」

「わたしは一度《いちど》、祇園祭《ぎおんまつり》を見《み》に来《き》たことがありますが、そのときはもっと人《ひと》がいましたよ。タワポン君《くん》は来《き》たことあるの？」

「うん。マンガミュージアムへ行《い》ったんだ」

「君《きみ》はほんとうに好《す》きなんだね。ワンさんは？」

「わたしは国際医学会議《こくさいいがくかいぎ》に参加《さんか》するために、何度《なんど》か来《き》たことがあります」

「そうですか。中国《ちゅうごく》にも神社《じんじゃ》がありますか」

「中国《ちゅうごく》には神社《じんじゃ》はありません。でも、お寺《てら》はたくさんありますよ」

神社《じんじゃ》へ向《む》かう人《ひと》の中《なか》には、着物《きもの》の人《ひと》もいた。

「あれも着物《きもの》ですか」

と僕《ぼく》は言《い》った。上《うえ》は白《しろ》で、下《した》は赤《あか》のスカートみたいな服《ふく》を着《き》ている女《おんな》の人《ひと》がいた。ほかの着物《きもの》とは違《ちが》う。

「あの人《ひと》は、きっと巫女《みこ》*だよ。ここで働《はたら》いているんだ」

とタワポン君《くん》が言《い》った。

「何《なん》ですか、それは？」

「ほんとうにいるんだね。僕《ぼく》はアニメでしか見《み》たことがなくて……」

「わたしより若《わか》そうですね。高校生《こうこうせい》ぐらいに見《み》えますよ」

＊巫女《みこ》

とカリナさんが言《い》った。

「何《なに》をする人《ひと》なんですか」

とワンさんがタワポン君《くん》に聞《き》いた。

「知《し》らない。白《しろ》い紙《かみ》が付《つ》いた棒《ぼう》を持《も》って踊《おど》ったり、急《きゅう》に人《ひと》が変《か》わったみたいに強《つよ》くなったりするんだけど……」

「タワポンさん、あなたはアニメの見《み》すぎですよ」

とカリナさんが言《い》った。僕《ぼく》もワンさんも笑《わら》った。

「わあ、大《おお》きな門《もん》だなあ」

僕《ぼく》たちの前《まえ》に、大《おお》きな赤《あか》い門《もん》が見《み》えた。ちょっとオレンジ色《いろ》に近《ちか》い赤《あか》で、朱色《しゅいろ》というそうだ。

「鳥居《とりい》ですね」

とワンさんが言《い》った。ほかの建物《たてもの》にも、この色《いろ》がたくさん使《つか》われていた。

「きれいな色《いろ》ですね」

とカリナさんが言《い》った。この門《もん》は木《き》で造《つく》られていた。

「あそこにいるのは、何《なん》の動物《どうぶつ》？」

とタワポン君《くん》が言《い》った。大《おお》きな建物《たてもの》の横《よこ》に二《ふた》つ、動物《どうぶつ》の像《ぞう》*が立《た》っている。

「あれは狐《きつね》*ですよ。でも、あれは生《い》きていないでしょう？　だから『ある』って言《い》わないと」

とカリナさんが言《い》った。

「でも、この間《あいだ》日本人《にほんじん》の友達《ともだち》が、おもちゃのドラえもんを見《み》て、『い

*像《ぞう》

*狐《きつね》

たいた』って言《い》ってたよ」

「その日本人《にほんじん》は、日本語《にほんご》を間違《まちが》えています。『おもちゃ』は生《い》きていません」

「ミラーさんとワンさんは、どう思《おも》う？」

とタワポン君《くん》が聞《き》いた。

僕《ぼく》は何《なに》も答《こた》えられなかった。ワンさんは、

「まあ、どちらでもいいんじゃないでしょうか」

と言《い》った。ワンさんは頭《あたま》がいい。

「そうですね。こんな問題《もんだい》、日本語《にほんご》のテストには出《で》たことないし……。ところで、日本《にほん》では狐《きつね》はどう鳴《な》くか、知《し》っていますか」

とカリナさんが言《い》った。

「狐《きつね》は鳴《な》くんですか」

と僕《ぼく》は聞《き》いた。

「わたしも聞《き》いたことがありません。でも、どう鳴《な》くかは知《し》っています」

「変《へん》なの。で、どう鳴《な》くの？」

とタワポン君《くん》が言《い》った。

「こんこん」

とカリナさんが言《い》った。僕《ぼく》もタワポン君《くん》もワンさんも、狐《きつね》の鳴《な》き声《ごえ》は聞《き》いたことがないけど、それは違《ちが》うよ、と思《おも》った。

「どの本《ほん》にもそう書《か》いてあるし、こぎつねこんこん……って、子《こ》どもの歌《うた》もあるんですから」

「確《たし》か、日本語《にほんご》では、せきが出《で》る音《おと》も『こんこん』といいますよ」

とワンさんが言《い》った。それを聞《き》いてタワポン君《くん》は、

「じゃ、狐《きつね》はかぜをひいているんだね」

と言《い》った。これにはカリナさんも声《こえ》を出《だ》して笑《わら》った。タワポン君《くん》にはユーモアがある。

「この先《さき》へ行《い》くと、おもしろい物《もの》があるそうですよ」

とカリナさんが言《い》った。

ここへ来《き》たいと言《い》ったのは、カリナさんだった。

この神社《じんじゃ》の名前《なまえ》は、「伏見稲荷大社《ふしみいなりたいしゃ》」という。漢字《かんじ》が六《むっ》つもあって、なかなか覚《おぼ》えられない。カリナさんの話《はなし》によると、ここは特《とく》に、外国人《がいこくじん》に人気《にんき》がある神社《じんじゃ》だそうだ。

「ほら、あれです」

「えっ、何《なん》ですか、あれは？」

さっき見《み》たのと同《おな》じ形《かたち》の門《もん》が、トンネルみたいに長《なが》く並《なら》んで立《た》っている。

「すごいですね。山《やま》の上《うえ》まで続《つづ》いているんですか」

とワンさんが言《い》った。

「さあ、わかりません。みんなで行《い》ってみましょう」

僕《ぼく》はその鳥居《とりい》の中《なか》を通《とお》りながら、たくさんの写真《しゃしん》を撮《と》った。

「違《ちが》う世界《せかい》へ行《い》ってしまいそう……」

とタワポン君《くん》が言《い》った。先《さき》が見《み》えないから、どこまでも続《つづ》いているみたいに見《み》える。

「頭《あたま》がくらくらしますね*」

とカリナさんが言《い》った。

鳥居《とりい》はほんとうに、山《やま》の上《うえ》まで続《つづ》いていた。

*頭《あたま》がくらくらする

十八　東京《とうきょう》へ

日本《にほん》へ来《き》て、もうすぐ一年《いちねん》になる。

アメリカへ帰《かえ》りたい気持《きも》ちもあるけど、まだこの場所《ばしょ》に残《のこ》っていたい気持《きも》ちもある。

大阪《おおさか》の生活《せいかつ》にも慣《な》れて、友達《ともだち》もたくさんできて、この場所《ばしょ》が好《す》きになり始《はじ》めたところだから。

ある日《ひ》、僕《ぼく》は松本部長《まつもとぶちょう》に呼《よ》ばれて、会議室《かいぎしつ》に入《はい》った。

僕《ぼく》と部長《ぶちょう》のほかにはだれもいない。

「どうぞ、座《すわ》ってください」

と部長《ぶちょう》が優《やさ》しい声《こえ》で言《い》った。ちょっといつもと様子《ようす》が違《ちが》う。

部長《ぶちょう》は窓《まど》の近《ちか》くに立《た》って、外《そと》の景色《けしき》を見《み》ながら、

「ミラーさんは、東京《とうきょう》へ行《い》ったことがありますか」

と僕《ぼく》に聞《き》いた。

「いいえ」

と僕《ぼく》は答《こた》えた。

「東京《とうきょう》はいい所《ところ》です」

僕《ぼく》は部長《ぶちょう》が、東京《とうきょう》のことを悪《わる》く言《い》うのを聞《き》いたことがある。部長《ぶちょう》は大阪《おおさか》の人《ひと》だ。

「大阪《おおさか》よりいいですか」

と僕《ぼく》は聞《き》いた。

「そうですね……。同《おな》じぐらいでしょう」

きょうの部長《ぶちょう》は、何《なに》か変《へん》だ。

「ところで、ミラーさんは、パワー電気《でんき》のシュミットさんと話《はな》したことがありますよね」

「はい、何度《なんど》か」

「実《じつ》は今度《こんど》、パワー電気《でんき》といっしょに、新《あたら》しいことを始《はじ》めるつもりなんです。ミラーさんは、ＩＭＣの広告《こうこく》を見《み》たことがありますか」

「はい。『わたしたちは《　　《みらい》》をつくっています』ですね」

「そうです。だからＩＭＣは、新《あたら》しいことにチャレンジし続《つづ》けなければなりません」

「何《なに》を始《はじ》めるんですか」

「聞《き》いたらびっくりしますよ」

部長《ぶちょう》は一人《ひとり》で笑《わら》った。それからまじめな顔《かお》になって、こう言《い》った。

「ＩＭＣは、これからロボットを造《つく》ります」

「ロボット？」

僕《ぼく》は部長《ぶちょう》が言《い》ったとおり、びっくりした。

「ええ。でも、ロボットの体《からだ》は、パワー電気《でんき》が造《つく》ります」

「じゃ、ＩＭＣは？」

「ロボットは自分《じぶん》で動《うご》くコンピューターです。体《からだ》だけ造《つく》っても、動《うご》きませんよね」

「わたしたちは、ロボットの頭《あたま》の中《なか》のプログラムを作《つく》るんですね」

「そういうことです」

「それで、ＩＭＣは東京《とうきょう》に、新《あたら》しいチームを作《つく》ります。チームの名《な》前《まえ》は、『ＩＭＣロボット開発《かいはつ》チーム』といいます。実《じつ》はミラーさんに、そのチームに入《はい》ってほしいんです」

だから部長《ぶちょう》は、最初《さいしょ》に東京《とうきょう》の話《はなし》を……。

「そのチームに入《はい》るなら、東京《とうきょう》へ引《ひ》っ越《こ》さなければなりませんか」

「ええ」

アメリカでも大阪《おおさか》でもない場所《ばしょ》か……。そんな未来《みらい》は考《かんが》えていなかった。

「ちょっと考《かんが》えさせてください」

と僕《ぼく》は言《い》った。

「わかりました」

＊

「ミラーさん、昼《ひる》ごはんを食《た》べに行《い》きませんか」

と山田《やまだ》さんが僕《ぼく》に言《い》った。

「はい」

山田《やまだ》さんがこれからどんな話《はなし》をするか、僕《ぼく》はわかっていた。

僕《ぼく》と山田《やまだ》さんは「つるや」に入《はい》った。僕《ぼく》は煮魚定食《にざかなていしょく》、山田《やまだ》さんは牛《ぎゅう》どんを注文《ちゅうもん》した。

山田《やまだ》さんは話《はな》し始《はじ》めた。

「わたしはミラーさんに感謝《かんしゃ》しています。ミラーさんのおかげで、この会社《かいしゃ》は前《まえ》より元気《げんき》になりました」

「いいえ。こちらこそ、皆《みな》さんから多《おお》くのことを学《まな》びました」

それはほんとうだ。日本人《にほんじん》の習慣《しゅうかん》や日本《にほん》の会社《かいしゃ》のやり方《かた》には困《こま》ることもあったけど、日本《にほん》で生活《せいかつ》を続《つづ》けていて、初《はじ》めてわかったこともたくさんある。

「わたしは今度《こんど》の新《あたら》しいチームでも、ミラーさんの力《ちから》が必要《ひつよう》だと思《おも》っています」

と山田《やまだ》さんは言《い》った。

「ぜひ会社《かいしゃ》のために、東京《とうきょう》へ行《い》ってくれませんか」

会社《かいしゃ》のために？　山田《やまだ》さんの気持《きも》ちはわかるけど、僕《ぼく》はこのこと

ばがあまり好《す》きじゃない。だから僕《ぼく》は、

「わたしは会社《かいしゃ》のためには行《い》きません」

と言《い》った。山田《やまだ》さんは笑《わら》った。そして、

「じゃ、自分《じぶん》のためになら、どうですか」

と僕《ぼく》に言《い》った。

*

それから一週間後《いっしゅうかんご》、僕《ぼく》は東京《とうきょう》へ行《い》くことを決《き》めた。どうして決《き》められたのか、僕《ぼく》の日本語《にほんご》では説明《せつめい》できない。英語《えいご》でも難《むずか》しいかもしれない。

何《なに》かの力《ちから》が、僕《ぼく》をそうさせたのだ。東京《とうきょう》が僕《ぼく》を呼《よ》んでいるから、と言《い》ったら、人《ひと》に笑《わら》われるかな。

みんなが僕《ぼく》のために、パーティーを開《ひら》いてくれた。

「転勤《てんきん》、おめでとうございます」

と木村《きむら》さんが言《い》った。木村《きむら》さんに会《あ》うのは久《ひさ》しぶりだ。

「ありがとうございます」

「ミラーさんが東京《とうきょう》へ行《い》ったら、寂《さび》しくなりますね」

僕《ぼく》はほんとうのことを言《い》うと、ちょっと複雑《ふくざつ》な気分《きぶん》だ。僕《ぼく》も木村《きむら》さんと会《あ》えなくなるのは寂《さび》しい。でも、今《いま》はそのほうがいいと思《おも》っている。

「東京《とうきょう》へ行《い》っても、大阪《おおさか》のことを忘《わす》れないでくださいね」

「もちろん」

またメールをしますね、木村《きむら》さん。

「皆《みな》さん、暇《ひま》があったら、ぜひ東京《とうきょう》へ遊《あそ》びに来《き》てください」

「ミラーさんも大阪《おおさか》へ来《き》たら、電話《でんわ》をください。いっしょに飲《の》みましょう」

「ええ、ぜひ」

とサントスさんが言《い》った。

「ミラーさん、スピーチコンテストでまた会《あ》いましょう」

とカリナさんが言《い》った。

「ええ、楽《たの》しみですね」

スピーチコンテストのことは、カリナさんに教《おし》えてもらった。外《がい》国人《こくじん》が日本語《にほんご》でスピーチをするのだ。カリナさんも出《で》るし、僕《ぼく》も出《で》るつもりだ。

「アキバだったら僕《ぼく》のほうが詳《くわ》しいから、今度案内《こんどあんない》するよ」

とタワポン君《くん》が言《い》った。「アキバ」とは、東京《とうきょう》の秋葉原《あきはばら》のことだ。

「うん、よろしくね」

「ミラーさんが作《つく》ったギョーザ、とてもおいしかったです。また食《た》べさせてくださいね」

とワンさんが言《い》った。

「はい。次《つぎ》は、中国《ちゅうごく》のほかの料理《りょうり》にもチャレンジしてみたいです」

いつもはパーティーに参加《さんか》しないグプタさんも、きょうは来《き》てくれた。ありがとう。

「皆《みな》さん、ほんとうにいろいろお世話《せわ》になりました」

僕《ぼく》はそう言《い》いながら、ちょっと泣《な》いてしまった。

「ミラーさん、頑張《がんば》ってくださいね。お体《からだ》に気《き》をつけて」

と佐藤《さとう》さんが言《い》った。佐藤《さとう》さんも泣《な》いているようだった。

「はい。皆《みな》さんも、どうぞお元気《げんき》で」

*

そして次《つぎ》の朝《あさ》、僕《ぼく》は新幹線《しんかんせん》で東京《とうきょう》へ向《む》かった。

著者　横山悠太（よこやま　ゆうた）

1981年、岡山県生まれ。作家、日本語教師。

2014年、『吾輩ハ猫ニナル』（講談社）で群像新人文学賞を受賞。

2017年、『小説ミラーさん―みんなの日本語初級シリーズ―』（スリーエーネットワーク）、2019年、『唐詩和訓―ひらがなで読む名詩100』（大修館書店）、『小説ミラーさんII―みんなの日本語初級シリーズ―』（スリーエーネットワーク）を出版。

小説《しょうせつ》 ミラーさん －みんなの日本語《にほんご》初級《しょきゅう》シリーズ－

2017年7月18日　初版第1刷発行
2024年1月12日　第 6 刷 発 行

著　者　横山悠太
発行者　藤嵜政子
発　行　株式会社スリーエーネットワーク
〒102-0083
東京都千代田区麹町3丁目4番トラスティ麹町ビル2F
電　話　営業　03（5275）2722
編集　03（5275）2725
https://www.3anet.co.jp/
印　刷　萩原印刷株式会社

ISBN978-4-88319-755-2 C0081